歷史往往迷霧重重

趙逸君 主編

序 言

　　中國歷史自黃帝時代起算，至今約有4700多年。在漫長的歷史長河之中，飽經風霜的華夏民族，以其堅毅睿智的精神、聰敏廣博的智慧、勤勞實幹的雙手，織就了一幅幅風華絕代的畫面、一卷卷精彩紛呈的篇章。

　　縱向觀閱，可覽秦皇氣概、大漢胡風、唐代雍容、宋世卓姿、明時風月、清朝雄渾。從風雲驟起的長安古城，到瀲灩波光的杭州湖畔，從莊嚴威武的紫禁之巔，到容納海外的廣州海灣，無一處不留下了中華歷史的印痕，令世人領略東方中土的魅力。橫向探索，無數帝王將相縱橫捭闔，建立不朽功勳；無數蓋世豪傑橫空出世，留下千古傳奇；無數奇人異士、才子佳人潛行於世，演繹世態繁華、悲歡人生。

　　在這裡，無論是一個時代，還是一段奇緣，又或是一處半壁殘垣，一處古墓深山，他們都是中華五千年瑰麗詩篇的組成部分，在為世人呈現奇趣劇目的同時，也留下了無數難以道清說明的歷史謎題。時人皆知，越是悠遠的歷史脈絡，越是廣大的土地山河，因為難以處處照看，細細研究，所以才越發顯得像謎一樣，令人觀之心生樂趣，想要拆解其中疑寶。中國的歷史就是如此害羞，不輕易揭開自己的層層面紗，叫人想要探個究竟。

　　秦始皇奇貨可居的身世、項羽火燒阿房宮的真相、西施玉環的下落疑點、嵇康被殺原因、武則天立無字碑的目的、「燭影斧

聲」與宋太祖死因、和親政策背後的政治目的、外戚亂政的實質、樓蘭古國沈沒因由、桃花源仙境身在何地、水滸紅樓作者今何在……一個個未解懸案、一串串歷史怪圈，伴隨著華夏千年的演進，牽涉中土上下內外，推動歷史的進程，激發著後人強烈的求知慾。

中國有著數千年難以讀懂的歷史，為了滿足人們對歷史的好奇心，增進世人對華夏史實的了解，本書綜合了大量歷史、地理、科研文獻資料，以全面、全新、探索的視角，從帝王、文臣、武將、文人、紅顏、政治、經濟、文化、科學、經濟、地域、考古、異趣、探祕等近二十個方面，甄選600多個重大的歷史事件，經由深刻精確的分析，力求達到去偽存真，求得事實的真相，解讀歷史的規則。

全書涉獵範圍廣泛，內容深淺合宜，情節充滿軼趣，語言生動活潑，可以幫助讀者掌握研究歷史和探求真相的方法，從中獲得探索發現的規律，引發深層次的解讀思考，擴大視野，重塑歷史觀念。讓讀者在懸疑叢生的史海當中，感嘆世間的玄妙，真正體驗閱讀的快感，感受靈魂深處的酣暢。鑑於時間倉促，書中恐有疏漏之處，懇請讀者朋友批評指正。現在，就讓我們一起登上歷史的車駕，開始一場千年之旅，領略史海深處的風光。

目錄

懸案篇　疑竇重重史海沈

Contents

城坊篇　傾城傾國非傳說

文化篇　史海一樣需鉤沈

Contents

誤解篇　　此物常常非彼物

Contents

古俗篇　凡塵俗事乃生活

疑竇篇　不畏謎雲遮望眼

懸案篇

疑竇重重史海沉

湘君、湘夫人究竟是誰

中國最偉大的浪漫主義詩人屈原，已隨那汨羅江水沈入歷史的長河之中，而他的《湘君》、《湘夫人》則跨越千年歷史，留戀於人間煙火，一篇抒發女子對湘君的愛慕，一篇寄予男子對湘夫人的思念，情意綿綿。而湘君與湘夫人的身分卻湮沒在屈原筆下那迷蒙的湘水之濱，引來後人的無限遐思。

湘夫人即娥皇、女英，湘君是誰。

世人對於「二湘」身分的揣測，似乎總也掙不開娥皇女英的傳說。《山海經》中有記載：「又東南一百二十里曰庭之山，其上多黃……帝之二女居之，是常游於江淵。澧沅之風，交瀟湘之淵，是在九江之間，出入必以飄風暴雨。」古人對古文的理解往往令人難以琢磨，正如將「帝之二女」理解為「堯帝的兩個女兒」，因「交瀟湘之淵，是在九江之間」而認為「二女」即「湘夫人」。如此一來，便有了「湘夫人即堯帝之女娥皇、女英」之說。

若按此說，再加上《史記》五帝本紀中關於「堯用二女妻舜」的記載，那湘君便毋庸置疑的是舜了。但仍有不少贊同「湘夫人即娥皇、女英」的人對「湘君即舜」的說法提出異議，認為從屈原以往的作品中皆能看出他對舜帝無比尊崇，堪比天神，斷不會將舜描繪為區區一個湘水之神。照他們的說法，「湘君」就是一個思念著娥皇、女英的湘水之神，別無其他。

湘君即娥皇，湘夫人即女英。

亦有人認為，湘君與湘夫人分別是堯的兩個女兒，湘君即長女娥皇，湘夫人即次女女英。此說同樣源自《山海經》裡那段極有可能被後人曲解了的記載。不同的是，將「湘夫人」一人代之以娥皇、女英變為「湘君」、「湘夫人」共代之。

此說最令人質疑之處，是推翻了「湘君」、「湘夫人」乃一男一女的思維定式。

從《湘君》中的「望夫君兮未來，吹參差兮誰思」和《湘夫人》中的「聞佳人兮召予，將騰駕兮偕逝」來看，明顯表達的是對異性的思念與愛慕，那又如何能將湘君與湘夫人理解為娥皇、女英兩姐妹呢？對此說的否定，又引出了湘君與湘夫人就是兩個湘水之神，別無他指的說法。

以上僅是較為普遍的幾種揣測，他家之言不可盡數。

湘夫人

周公為何沒有取代周成王

　　說起周公，似乎總與「解夢」糾纏不清。然而周公生平最重大的事件，莫過於執政六年後讓位於成王，實現權力的和平過渡。於危難之時挺身而出，當危難過後便毅然讓位，周公這種無畏無私的精神，受萬代稱頌，同時也引發了後人對其讓位之舉的質疑。

　　有人指出，《荀子・儒效》和《淮南子・記論訓》中都說周公想要奪取天下。《禮記・明堂位》和《韓詩外傳》卷三也有記載周公想要坐上天子的位置。《尚書・大傳》更明確指出，周公身居要位，管理著天下的國事。

周公

　　又有人考證說，《尚書・大誥》中出現的「王」，把周文王稱為「寧王」，也稱作「寧考」。而「考」是對已故父親的稱呼，所以這個「王」應是周公。

　　《尚書・唐誥》中也有記載：「王若曰：孟侯，朕其弟，小子封。」周公的弟弟康叔，名「封」，《康誥》中的「王」稱康叔為「弟」，顯然

這個「王」也是周公。如此說來，周公的確自稱為「王」。

　　根據以上證據，便有人認為，周公在武王去世而成王年紀尚幼之時，便有謀權的意圖。之後以「王」之名義，行「王」之權力，雖說東征西伐、治國安邦功不可沒，但也不能掩蓋其意欲以權奪位的野心。

　　至於周公最後沒有取成王而代之，實乃應變形勢的無奈之舉。因為遭到當時地位舉足輕重的召公、太公的懷疑，而成王也對周公起了疑心，並且周公的兩個兄弟管叔、蔡叔又與紂王之子武庚聯合起兵，關中局勢動盪不安，形勢對周公極為不利，周公不得不還政於成王，以平息眾怒。

　　此番質疑，對世人心目中周公那無畏無私的形象造成了巨大的衝擊，但更多的人仍堅持認為，從周公臨危受命而勤勉攝政之舉，從他在武王病危之時願意以身代死的決心，便可看出周公對國對君的一片赤誠之心。如此忠君愛國之人，絕不可能做出僭越奪位之事。

　　無論是無奈還政，還是真心讓位，不過是後人充滿感情色彩的想像。而周公心中所想，早已隨他而去，深埋黃土之中。

荊軻刺秦王為何失敗

　　荊軻刺秦王，是中國歷史上一次頗負盛名的刺殺行動，同時也被多數人認為是最失敗的一次。荊軻與秦王，近在咫尺而無侍衛在旁，一邊是養尊處優的皇帝，一邊是精於劍術的刺客，外加一把滿是毒液的匕首，為何荊軻在這麼有利的條件之下，都無法成功刺殺秦王？荊軻的失敗令人百思不得其解，言者云云。

　　很多人將荊軻失敗的原因歸咎於他的助手秦舞陽。據史料記載，起初應該是荊軻捧著樊於期的人頭，其助手秦舞陽捧著燕國督亢的地圖，兩人一同走上大殿獻給秦王。然而秦舞陽臨陣慌張，被侍衛呵斥，讓秦王起了疑心，有所防範。而荊軻一人上殿，又增加了刺殺行動的困難，從而導致刺殺失敗。

　　對於此，燕國太子難辭其咎，畢竟秦舞陽是他派給荊軻的。一個十五歲就殺過人的囚犯，在太子丹看來竟算得上藝高人膽大，難怪後人批駁他想出了一個根本不可能成功的計劃，從而加速了燕國的滅亡。

　　除上述說法外，更多的人認為，刺殺不成功，是荊軻自身的能力問題。荊軻在「圖窮匕見」後，沒能把握時機一擊致命，抓著秦王的衣袖卻被秦王掙脫。秦王在大殿之上繞著柱子跑，劍客出身的荊軻竟然追不上，甚至躲不開秦王的長劍，連番遭襲，最後死在了侍衛的斬殺之下。荊軻的刺殺如此狼狽，豈可不敗？

　　由此不能不質疑他自身的能力問題。也許正如當時著名劍客

魯句踐所說：「嗟乎，惜哉其不講於刺劍之術也！」

即便如此，還是有人將原因推究到了太子丹的身上。太子丹在派荊軻刺殺秦王之前曾對他說：「誠得劫秦王，使悉反諸侯侵地，若曹沫之與齊桓公，則大善矣；則不可，因而刺殺之。」

荊軻秦王

按太子丹的意思，荊軻首要做的是劫持秦王，逼他歸還之前侵吞的各諸侯國的土地，若秦王不答應，才刺殺他。這就使荊軻在最能置秦王於死地的那一刻有所遲疑，不僅劫持不成，更錯失了刺殺的先機，導致徹底的失敗。

關於荊軻刺秦王的歷史，即便是撰寫《史記》的司馬遷，都並非親眼目睹而記錄之，其中的因由，終究還是撲朔迷離，無可定論。

秦始皇傳國玉璽下落追蹤

　　藺相如「完璧歸趙」的故事想必大家都不陌生，主要講的是藺相如怎樣利用自己的聰明才智替趙國保住了價值連城的和氏璧。然而，和氏璧的故事並沒有到此就完全終結。

　　後來，秦王嬴政依仗強大的軍事力量兼併六國，一統天下，並從趙國又奪回了那塊和氏璧。秦王自封「始皇帝」登基後，為了顯示自己「德高三皇，功蓋五帝」，特地用和氏璧製作了「傳國玉璽」，並刻上「受命於天，既壽永昌」八個大字。傳國玉璽外部螭龍盤踞，張牙舞爪，是皇帝獨尊和無上權威的體現。當時著名玉工孫壽刻製璽紐，著名書法家李斯題寫璽文。自秦始皇後，傳國玉璽開始輾轉流傳，歷代帝王都視之為承天受命的神聖之物，為得到它而費盡心機。

　　除歷史價值和藝術價值巨大外，傳國玉璽格外引人注目的另一個原因還在於它在流傳過程中時隱時現，且到目前為止仍下落不明。

　　傳說公元前219年，秦始皇南巡洞庭湖時，突然風浪四起，秦始皇的船面臨被颳翻的危險。秦始皇將傳國玉璽拋入湖中，以此祭祀水神，壓住波浪後平安過湖。八年後，當他出行至華陰平舒道時，有人持玉璽站在道中，對始皇侍從說：「請將此璽還給祖龍（秦始皇代稱）。」說完就消失了。傳國玉璽重新回到秦始皇手中。

秦末，劉邦率兵攻入咸陽時，秦亡國之君子嬰將「天子璽」獻給劉邦。劉邦登基後稱其為「漢傳國璽」，珍藏在長樂宮，成為皇權象徵。西漢末王莽篡權，逼迫掌管玉璽的孝元太后交出玉璽，太后一怒之下將玉璽扔擲地上，玉璽被摔掉一角，後來用金將其補全，因此留下瑕痕。

王莽政權被推翻後，玉璽落到了漢光武帝劉秀手裡，並傳於東漢諸帝。東漢末年叛亂時，少帝倉皇出逃，來不及帶走玉璽，返宮後發現玉璽失蹤。後來孫堅部下在洛陽城南甄宮井中打撈出一宮女屍體，從她頸下錦囊中發現「傳國玉璽」，從此孫堅做起了皇帝夢。不料孫堅軍中有人將此事告訴袁紹，袁紹得知後，逼孫堅交出玉璽。後來袁紹兄弟敗死，「傳國玉璽」又重新回到漢獻帝手裡。

三國鼎立時，玉璽屬於魏國，晉一統三國後取得了玉璽。西晉末年，北方陷入朝代更迭頻繁、動盪不安的時代，「傳國玉璽」被不停地爭來奪去。晉懷帝永嘉五年（公元311年），玉璽又歸前趙劉聰所有。東晉咸和四年（公元329年），後趙石勒滅前趙，奪得玉璽；後趙大將冉閔殺了石鑒自立，將玉璽重新奪回。此階段還出現了幾方「私刻」的玉璽，包括東晉朝廷自刻印、西燕慕容永刻璽、姚秦玉璽等。到南朝梁武帝時，降將侯景反叛，劫得傳國玉璽。不久侯景敗死，玉璽被投入棲霞寺井中，經寺僧將璽撈出收存，後獻給陳武帝。

隋唐時，「傳國玉璽」仍為統治者至寶。五代朱溫篡唐後，玉璽又遭厄運，後唐廢帝李從珂被契丹擊敗，持玉璽登樓自焚，玉璽至今下落不明。

由於歷代統治者極力宣揚獲得傳國玉璽是「天命所歸」、「祥瑞之兆」，自宋代起，真假傳國玉璽屢有發生。如宋紹聖三

年（公元1096年），咸陽人段義稱修房舍時從地下掘得的「色綠如藍，溫潤而澤」、「背螭鈕五盤」的玉印，經翰林學士蔡京等13名官員「考證」，認定是「真秦製傳國璽」的玉印。然而，據後世人考證，這是蔡京等人為欺騙皇帝玩的把戲。

明弘治十三年（公元1500年），戶縣毛志學在泥河裡得玉璽，由陝西巡撫熊羽中呈獻孝宗皇帝。相傳元末由元順帝帶入沙漠的傳國玉璽，曾被後金太宗皇太極訪得，皇太極因而改國號「金」為「清」。清初故宮藏玉璽39方，其中被稱為傳國玉璽者，卻被乾隆皇帝看作贋品，可見傳國玉璽的真真假假實難確定。

又據說真正的傳國玉璽在明滅元時被元將帶到了漠北。明朝初，明太祖派徐達到漠北追擊蒙古朝廷，以期得到傳國玉璽，這是歷史上最後有關傳國玉璽的記載，最終還是空手而歸。相傳，在逐溥儀出紫禁城時，人們還在尋找。

秦始皇為何因一句謊言而修長城

秦皇豈無德，蒙氏非不武。豈將版築功，萬里遮胡虜。
團沙世所難，作壘明知苦。死者倍堪傷，僵屍猶抱杵。
十年居上郡，四海誰為主。縱使骨為塵，冤名不入土。

　　唐代文人于濆的一首《長城》，道盡了兩千年前秦始皇修長城的無限悲涼。那道盤踞在重巒疊嶂之間，蜿蜒於無垠沙漠之上，氣勢恢弘，堅固雄偉的萬里長城，立千年而不倒，其磅礡浩大之勢，令萬代嘆服。而其背後的辛酸，不得不令人想起那句荒唐的謊言讖語：亡秦者胡也。

　　公元前221年，秦始皇完成統一霸業，中原大地上唯吾獨尊。然而，他並沒有陶醉於一統天下的成就之中，而是一直憂心忡忡，不斷謀求維持大秦帝國長治久安之法。公元前220年，秦始皇開始巡遊天下，真切地感受到西部邊陲之地與東部臨海之濱在經濟文化水平上的差距，同時也為一種流行於齊地的方術深深吸引，從而對求仙問道、長生不老之術產生了濃厚的興趣。於是，一位略微精通方術的方士盧生，逐漸成為秦始皇的寵臣，也成為刺激秦始皇修建長城的罪魁禍首。盧生雖為方士，但對秦始皇的施政方針產生了極大的影響。

　　當時正值壯年的秦始皇，對生死問題有著極為緊迫的危機感，尤其是在兩次出巡途中遇襲之後，內心的恐慌達到無以復加

的地步。在他看來，帝王的長生不老似乎與帝國的長治久安有著必然的聯繫。為求長生不老藥，秦始皇耗費了大量的人力財力物力，求仙、封禪無所不用其極，甚至派徐福帶三千童男童女前往東海求仙問道，規模之大史無前例，但卻一去無回。

秦始皇在現實之中無法找到鞏固帝位之法，更寄託於神祕莫測的方術能為他帶來一線希望。他多次派遣盧生尋仙問道，盧生卻屢次無功而返。數次之後，盧生再無法用那些阿諛奉承、溜鬚拍馬之言敷衍了事，竟信手拈回一本《錄圖書》，謊稱這是一本讖書，更妄言其中記錄了一個驚天動地的祕密：亡秦者胡也。

盧生一句搪塞責任的謊言，結果卻催生出萬里長城，這大大出乎他的意料；然而能夠投秦始皇所好征伐敵手，則正中盧生的下懷。他給秦始皇找到了一個可以釋放焦慮與不安的打擊對象，同時也給秦始皇找到了機會，一泄當年想攻打匈奴而不成的積怨。也因此，引發了一場空前的歷史大震盪。

今日之長城，已再無當年禦敵戍邊之功用，它以其恢弘磅礡之勢，給世人留下了對奇蹟的無限感慨，以及對大秦帝國一代帝王的功過評說。

長城

漢代名將李廣利為何會投奔匈奴

李廣利，西漢時期將領，曾被漢武帝任命為貳師將軍。然而，他這個「將軍」名號可不是沙場上拼出來的，而是靠裙帶關係得來的。李廣利有一個妹妹天生麗質，憑藉傾城傾國之貌被漢武帝看中後納為妾，稱為李夫人。

可惜的是，紅顏薄命，年紀輕輕就被疾病折磨致死，臨終前還囑託漢武帝要照顧好自己的兒子和兄弟。為了完成李夫人生前的願望，漢武帝決定賜予李夫人的兄弟高官厚祿，讓他們擁有享之不盡的榮華富貴，任命李延年（李夫人的哥哥）為協律都尉，李廣利（李夫人的弟弟）為將軍。可問題是：李廣利實在不是那塊當將軍的料，戰場上屢戰屢敗。

漢武帝徵和三年，匈奴入侵，燒殺搶掠，邊民處於水深火熱之中。為此，漢武帝特命李廣利率大軍三次出擊匈奴。第一次征匈奴，李廣利在天山大戰右賢王，先勝後敗，差點喪失性命；第二次征匈奴，漢武帝授予李廣利二十一萬大軍，在蒙古土拉河與匈奴單于十萬大軍血戰，久戰不下後匆忙撤軍；第三次征匈奴，李廣利率七萬精銳，在內蒙古杭愛山與匈奴決戰，七萬大軍全軍覆沒，連李廣利本人也投降匈奴。李廣利原以為用屈膝投降可以換一條命，苟且一生，但是好景不長，不久之後就在巫蠱之事中被他人害死。

當年李廣利究竟為何投奔匈奴，這一歷史疑案引發了後人無

盡的思考。

有人認為這與李廣利的人品密切相關。李廣利當初得勢是憑藉姐姐李夫人的關係才得以實現的。

事實上，他本人就是一個無品無德無才的庸人。在任大將軍期間，陰狠奸詐，結黨營私，陷害太子，直接造成漢武帝末年的巫蠱之禍。身為將軍，戰場上不善謀略，更是嫉賢妒能，排斥異己。征匈奴期間，坐視李陵孤軍被圍而不救，斷送了一代名將的前程，而自己最後也兵敗投降。

還有人認為李廣利之所以敗降於匈奴，在一定程度上是受到了當年宮廷裡發生的巫蠱事件的影響。當年李廣利與匈奴廝殺於沙場時，京城長安發生了巫蠱事件，漢武帝被人詛咒。武帝為此專門查訪，若發現必斬首。因為此事，宮中人人自危，彼此以巫蠱進行陷害，丞相劉屈氂和李廣利也被捲入其中，被密告共同向神祝禱，希望昌邑哀王劉髆將來做皇帝。

最終，劉屈氂被處以腰斬，其妻兒也牽連被斬首，李廣利的妻兒們被逮捕囚禁。

戰場上的李廣利聽到家中妻兒被捕的消息，憂患重重，最後試圖通過戴罪立功拯救妻兒。過於冒進，警覺減少，犯了兵家之大忌，最終導致慘敗投降。

「三顧茅廬」是真是假

「三顧茅廬」這一典故在中國千古流傳，至今已是耳熟能詳。羅貫中在其小說《三國演義》中對這段故事進行過大筆墨的渲染，劉備禮賢下士、廣納賢才的仁君風範和諸葛亮雄才大略、韜光養晦的臥龍形象得此也更加深入人心，為世人所稱頌。然而，當年劉備有沒有「三顧茅廬」，還是諸葛亮「毛遂自薦」，今天仍是一個頗有爭議的歷史疑案。

正方認為歷史上劉備的確曾三次拜訪諸葛亮，請他出山輔佐帝業，理由有二。其一是此事被史料記載下來，有史可考，證據確鑿。陳壽的《三國志》有記載：「凡三往，乃見」。諸葛亮本人在《出師表》也說過：「臣本布衣，躬耕於南陽，苟全性命於亂世，不求聞達於諸侯。先帝不以臣卑鄙，猥自枉屈，三顧臣於草廬之中，咨臣以當世之事。由是感激，遂許先帝以驅馳。」對於此事，諸葛亮不可能冒欺君之死罪的風險，無中生有。其二是從當時的局勢來考慮，劉備正

三顧茅廬立軸

面臨著曹操幾十萬南征大軍的威脅，確實急需像諸葛亮這樣的人才輔佐他走出困境。

反方的觀點是劉備「三顧茅廬」是假，諸葛亮「毛遂自薦」才是真。依《魏略》來看，劉備屯兵於樊城時，曹操方已統一黃河以北，下一步計劃是攻擊荊州。諸葛亮帶著自己的預測，北行見劉備。劉備與諸葛亮初次相見時，看諸葛亮年紀輕輕，沒有重視他，以諸生對待之。後來，諸葛亮通過談論對當時政局的對策，才逐步改變了劉備對自己的冷淡態度。最後，劉備才「以上客禮之」。西晉司馬彪《九州春秋》也作過相同的記載。

換個角度思考，當年天子劉備三顧於茅廬之中，應算是轟動之舉，各家史書理應爭相記載和「爆料」。事實上，縱覽整個三國史料以及相關歷史人物，除陳壽一家外，竟無一人提及劉備三顧於諸葛亮茅廬之事，這在現在看來是無法想像的。還需要指出的是，陳壽的《三國志》，準確來說就是諸葛亮的《出師表》。

再說，當時的諸葛亮只不過是個二十七歲的青年，正為滿腹才略無用武之地憂愁。與其說劉備需要諸葛亮，還不如說諸葛亮更需要劉備。相反，劉備則是個有聲望的政治家，「天下誰人不識君」。劉備不可能去三次拜訪諸葛亮，諸葛亮向劉備自我推薦倒很有可能，這符合他積極進取的性格：寒窗苦讀，剖析天下之大勢，待時機成熟，主動求見劉備。

《三國演義》之所以對「三顧茅廬」予以濃墨重彩，無非是為增加小說的精彩度，更多地佔領市場份額罷了。

「三顧茅廬」的故事，在教材書本裡是不朽的經典，在民間百姓口裡是不老的傳說。不論「三顧茅廬」真假性如何，「三顧茅廬」的精神是永遠不可能被否定的，故事本身也會因此永遠綻放光芒。

曹操殺楊修不是因為妒才

　　三國鼎立時代，有一位才子名叫楊修，他才思敏捷、聰明過人，學識超群，曾得到一代梟雄——曹操的賞識和重用，被任命「總知外內」的主簿，成為曹操身邊的一位不可多得的高級謀士。然而就是這樣一位人才，卻因為小小「雞肋事件」，最終被曹操殺掉。顯然，區區「雞肋事件」不足以解釋楊修被殺的原因，理由不充分。那麼我們不禁要問：曹操當年草草除掉楊修，是因為妒忌楊修的才能，還是別有他因呢？

　　第一種觀點認為楊修之所以被殺，是因為其主公曹操生性凶殘，心胸狹隘自私，總愛嫉妒，忌諱自己下屬的才能與自己相當，甚至超越自己。羅貫中在嘉靖本卷十五「曹孟德忌殺楊修」中的話：「操平生為人，雖然用才能之人，心甚忌之，只恐人高如己」可以證明這一點。除楊修之外，曹操嫉賢妒能性情下的冤死鬼，還有孔融，不是嗎？

　　第二種觀點認為楊修之死恰恰印證那句話老話：「聰明反被聰明誤」，最終惹來殺身之禍，丟了自家卿卿性命。他總是自作聰明，恃才放曠，舉止輕狂，導致曹操心中對其暗存芥蒂，暗暗忌之戒備之，拿「雞肋事件」來說吧。當年曹操作戰失利，正為是否退兵之事舉棋不定時，隨口說了「雞肋」二字。二字一出，楊修竟擅自根據曹操的以往行事規律，推斷出主公必定決心退兵，並在軍中泄露和散布退兵言論，私自命士兵收拾行囊，開始

做撤退的準備。楊修這一舉動渙散了軍心，動搖了將士們的鬥志，無論放在古代，還是現代，這事都是絕對不允許發生的。最終，曹操為了嚴肅軍紀，秉公辦事，殺了楊修。

第三種觀點認為楊修的死與他參與到曹操家庭內部爭寵奪位的鬥爭中有關。楊修為了讓自己的好朋友曹植當上曹氏接班人，竟全然不顧及曹操的感受，千方百計地幫助曹植，曹植與曹丕間的矛盾也因此不斷被激化。這破壞了曹操希望兒子們團結親近的美好願望，也引來了殺身之禍。

第四種觀點認為由於楊修是袁術的外甥，曹操怕養虎為患，於是借「雞肋」事件將他斬草除根，以解後患之憂。

最後一種觀點認為楊修之死展示了中國古代封建社會裡統治者與知識分子之間、主人與奴僕之間的關係本質，是人們的個性活力在封建專制意識形態下的悲劇。歷朝歷代的封建統治者對待知識分子，具有極重的疑懼心態，但為維持其統治體系的運轉，又不得不加以利用的矛盾狀態。

楊修「恃才放曠」不過為表面現象，內在的關鍵是他衝撞了固有的、神聖不可侵犯的封建等級秩序，最終釀成悲劇。

楊修死因究竟如何，可能連他自己至死也沒有弄得十分清楚。古人已經遠去，身後唯有留下團團迷霧。

周瑜不曾打黃蓋

「周瑜打黃蓋——一個願打，一個願挨」，這句中國千古流傳的歇後語，早已人盡皆知。經常有人在類似的情境中，將施害於人者視為周瑜，將甘願受苦者視為黃蓋，並評價「一個願打，一個願挨」。

「周瑜打黃蓋——一個願打，一個願挨」這一歇後語背後的故事情節大概是這樣的：三國時期，曹操百萬大軍揮師南下，銳不可當，孫權和劉備聯合起來大敗曹軍於赤壁，即史上有名的「赤壁之戰」。這次戰爭過程中，為了讓曹操上當，周瑜決定使用苦肉計，黃蓋奮勇當先。於是，在軍事會議上，黃蓋假裝與周瑜意見不合，甚至出言甚有輕視之意。於是，周瑜藉口怠慢軍心下令將黃蓋斬首，眾將苦苦求情，周瑜將處罰改為笞刑，將黃蓋打得皮開肉綻、臥床不起。這「苦肉戲」是演給詐降吳營的蔡瑁、張允看的，闞澤還為黃蓋獻詐降書，蔡瑁、張允又恰好將這一假情報傳回了曹營。等黃蓋來曹營詐降時，曹操便深信不疑，以至於後來慘敗。

然而，歷史上周瑜卻不曾打過黃蓋，黃蓋也不曾設什麼苦肉計。依《三國志·周瑜傳》的記載來看，赤壁之戰開始後，經周瑜同意，黃蓋借用十多艘輕便的戰艦，將其全部裝滿柴草，澆上膏油，裹上帷幕，樹起牙旗，且在大船後繫上小船。隨後，派人送投降書至曹營，說要向曹操投降，然後浩浩蕩蕩駕船北上而

去。曹操的軍吏、士兵紛紛從營房裡伸出頭來觀望，都以為是黃蓋投降來了。在離曹營還有二里時，黃蓋放開大船，同時發火，當時東南風正急，一時往船如箭，火烈風猛，不但燒了曹操的水營船隻，火勢還蔓延到岸上，燒了岸上的營落。隨後周瑜率輕銳之軍快速進擊，曹兵只好大敗而退。

《江表傳》還記載了當時黃蓋的詐降書。詐降書大意是說，黃蓋受孫氏厚恩，經常為將帥，待遇並不薄。但從天下大勢看，江東六郡人馬抵擋中原百萬大軍，實在寡不敵眾，這是海內所共見的。江東的將吏，不論愚智，都知道這一點，只有周瑜、魯肅忠厚淺薄，固執己見。從現實考慮，實在只有投降。到交鋒之日，我黃蓋便為前部，當隨機行事，為曹公效命。

《江表傳》記載，曹操得到書信，還特地召見了送信的人，祕密盤問了許久，說：「只怕其中有詐，黃蓋如果真的投降，建立大功，來日封爵受賞，一定在眾人之上。」曹操雖有懷疑，但還是相信了黃蓋，最終引「火」上身。

唐高宗與武則天合葬陵——
乾陵無頭石像之謎

　　乾陵，唐朝第三代皇帝唐高宗李治和女皇武則天的合葬墓，與中國古代很多帝王的陵墓一樣，其規模宏大，氣勢雄偉無比。不同的是，在乾陵朱雀門外司馬道的東西兩側，整齊地排列著61尊石像，其中西側32尊，東側29尊。這些石像身高在1.5米至1.77米之間，大小和真人差不多，大多體形健壯，肚子都被刻意地突出來。他們雙足並立，兩手前拱，身上的裝束卻不盡相同，有袍服束腰的，有翻領緊袖的，有足蹬皮靴的。更加令人奇怪的是，這些石像的頭顱卻統統不見蹤跡。

　　乾陵61尊無頭的石像無不讓人心生疑慮：這些石像是誰，來自哪裡，為什麼會佇立在乾陵墓前，他們為何沒有頭顱？以上謎團無時不刻在促使後人不斷地進行著探索與發現。

　　相關專家曾對61尊石像的裝束進行過研究，這些石像大多身穿圓領緊袖的右衽或左衽武士袍，與中原一帶人民的右衽不同。眾所周知，我國古代少數民族的服裝，前襟向左，叫左衽，漢人絕對不會弄左衽。

　　由此可推斷，這些石像當中大多是唐代周邊的少數民族。另外從這些石像們雙手所持的「笏板」（笏板是古代大臣上朝時手持的狹長板子，一般用象牙製成，在上面可以記載上朝要稟報的

事。）和部分石像佩戴的「玉袋」（玉袋是唐代五品以上的官員以及都督、刺史隨身攜帶的裝官印的袋子）可猜測，他們是唐朝的重要官員。這就意味著，這些石像很可能就是在唐朝為官的少數民族大臣。

那這些少數民族大臣為何而來呢？據《陝西通治》記載，乾陵石人群像是參加唐高宗葬禮的少數民族首領和特使。葬禮過後，武則天為紀念這件事，命人刻石像立在乾陵陵園朱雀門外兩側，象徵著唐王朝的國威以及和這些邊境民族的睦鄰友好關係。

至於石像為什麼會沒有頭顱，今天也存在多種猜測和說法。

一種說法認為八國聯軍侵華時，看見唐乾陵前立有外國使臣的群像，覺得有辱自己的尊嚴，就把石人的頭砍掉了。

一種說法是明末清初時，一個外國使節後代到乾陵發現他的祖先在給大唐的皇帝守靈，有失國格，所以造謠這些石人晚上成精，把所有糧食都糟蹋光了，實際是他自己所為。要保護糧食，就必須把這些石人的頭敲掉。當地農民一氣之下把石像的腦袋都打碎了。

還有一種說法是石像在明朝嘉靖年間那次震驚世界的關中大地震中被毀了大部分，而其餘的部分很可能是毀於明末清初的戰亂時期之中。

時至今日，乾陵前的無頭石像依然赫然佇立在那裡，彷彿正在向世人訴說些什麼，可惜已經沒有人能真正完全理解它們了。

「泥馬渡康王」真假說

象棋中有一類殘局叫做「泥馬殘局」，其中也有以「臥槽泥馬」為名的殺法。此類殘局來源於「泥馬渡康王」的傳奇故事。

「泥馬渡康王」故事梗概大概是這樣的：北宋末年，康王趙構被金人扣為人質，在金兵押著趙構北上的途中，趙構僥倖脫逃。當逃到磁州時，夜色已深，於是便在附近一座名叫崔府君的廟中夜宿。令人奇怪的是，當他睡覺時，有神人托夢給他說金兵將至，趙構驚醒。跑到廟外看見有一匹馬，遂乘馬狂奔而去。這匹馬居然載著趙構渡過了黃河，過河後，立即化為了泥塑之馬。

「泥馬渡康王」的故事明顯具有傳奇色彩，是根據一定的歷史事實編撰和發揮而成的，但它又不完全符合歷史真相。趙構赴金營為人質，歷史上確有其事。靖康元年正月，金兵已經攻至開封城下，宋廷向金求和，金人要求以親王、宰相為人質，方可退兵，宋欽宗命康王趙構前往金營。接下來的事情就與傳說的內容完全不一樣了。

在金營拘禁期間，趙構毫無畏懼的表現與一般人迥然不同。金人借此懷疑趙構不是親王，軟禁他20餘天後將其遣返故國，而並不是像「泥馬渡康王」的故事中那樣，押著趙構北上，所以趙構根本無須逃跑，更不會借助「泥馬」渡江。宋欽宗只好命趙構兄長肅王趙樞代替趙構，赴金營為人質。在宋欽宗答應割地、賠款等要求後，金人暫時撤軍，肅王卻沒有被放還，而是被擄北去，當了趙構的替死鬼。

八賢王不是趙德芳

眾多戲曲和電視劇中常常會出現「八賢王趙德芳」這一人物形象：正直剛毅，敢怒敢言，常常救人於水火之中。

歷史上，北宋時期也真有八賢王和趙德芳，只是他們並非同一個人，真正的「八賢王」並非趙德芳，而是另有他人。

先來看趙德芳是何許人也。趙德芳是宋太祖趙匡胤的第二個兒子，《宋史‧宗室傳》記載，德芳生於五代後周顯德六年（959年），太平興國六年（981年）去世，時年二十三歲。

趙德芳之上還有三個哥哥，分別為德秀、德昭和德林。由於大哥德秀和三哥德林過早夭折，趙德芳算是宋太祖的第二個兒子。由此排行來看，趙德芳的身分與「八王」毫不相干。並且，趙德芳的資質也非有才有德的「賢王」之輩，他在父親宋太祖在位時無所作為，在叔叔宋太宗趙光義登基後，才曾擔任一些官職，但也無出色的政績。

實際上，北宋太宗的第八個兒子趙元儼，趙德芳的堂兄弟，才是名副其實的「八賢王」。宋太宗共有九個兒子，分別是長子元佐、次子元僖、三子真宗、四子元份、五子元傑、六子元偓、七子元偁、八子元儼和九子元億。趙元儼排行第八，所以又叫「八皇子」，民間則稱「八大王」。

趙元儼天生機智，聰明好學，博聞廣見，政績出色，深得父親宋太宗的寵愛。在中國帝制時代，趙元儼是被封為王次數最多

的人，一生共被封王十三次。除政治才幹突出之外，趙元儼的「賢德」之處還體現在莊重、孝順、寡欲等方面。

趙元儼是個十足的大孝子。他的生母王德妃每次臥病在床，他都親自細心侍候，餵母親服藥，替母親洗涮，焚香祈禱母親早日康復，甚至達到「憂念不食」的地步。王德妃去世，他更是「哀戚過人」。

趙元儼雖然貴為皇室貴冑，但平生寡欲，唯獨喜愛讀書作畫，吟詩作詞，且造詣極高。趙元儼病重時，宋仁宗曾賜他白金五千兩，卻被他婉言謝絕，並說：「臣羸憊且死，將重費家國矣。」趙元儼病亡後，宋仁宗悲痛不已。

「八賢王」這個稱號，對於品德才能俱佳的八皇子趙元儼來說，才算得上實至名歸。

035

朱元璋死後「速葬」留謎團

「速葬」，在中國歷來都是與窮苦人家或穆斯林民族相連的。可是，依《明史》來看，朱元璋死後「七日而葬」。明朝堂堂開國之君死後為什麼也「速葬」，朱元璋既非穆斯林，其目的當然也不在於節省國家支出，其用意到底何在？

一種說法是朱元璋被「速葬」是朱允炆自己的決定。他這樣做的目的在於使朱元璋遠在外地的兒子不能及時趕回京城，以保住自己的王位。

一種說法是天氣的原因迫使朱元璋不得不速葬。眾所周知，明朝國都南京素有「火爐」之稱，而朱元璋的去世時間閏五月恰逢炎炎夏日，酷暑難當。如不早早下葬，屍體很可能會腐爛發臭。與其這樣，還不如來個入土為安的好。

一種說法是明朝歷來講究仁孝禮制，朱允炆哪敢冒天下之大不韙，「速葬」實際是朱元璋的個人意願，其目的是保護新皇帝。史稱，朱元璋臨死時交代過將自己「速葬」，禁止他的兒子們回京奔喪，以免夜長夢多，對新皇帝和國家安全不利。

還有一種比較流行的說法是「速葬」是朱元璋用來反盜墓的手段之一，除此之外還有其他一系列的配套計劃。

其一是關於朱元璋死亡的時間。

據《明史·惠帝紀》記載：「恭閩惠皇帝諱允炆，太祖孫，懿文太子第；子也。三十一年閏五月太祖崩。」它僅說明朱元璋

是閏五月死的，而具體哪一天沒有說。

現在，關於朱元璋的死亡時間有如下多則說法，一是洪武三十一年（1398年）閏五月初九，一說是閏五月初五，一說是閏五月十七日等。一個人死亡的時間，應該是很清楚的事情，為什麼史書要將朱元璋的死期寫得如此模糊，其目的是為掩人耳目，故意混淆是非嗎？

其二是「十三城門同時出棺」的迷魂陣。

傳說朱元璋下葬那天，十三城門同時出棺。明人朱國楨的《皇明大政記》中「而發引，各門下葬」的文字可以證明這一點。各門下葬作為一種障眼法，是實行祕葬的步驟之一，屬反盜墓的典型特徵。

因為「速葬」之事，後來又傳出「高皇帝龍蛻，在宮不在陵」一說，指出朱元璋真身未與馬皇后合葬於孝陵，而是單獨葬在城西的朝天宮。

朝天宮如今是南京博物館所在地，朱元璋的真身就在館內的三清殿下。到目前為止，這一說法也沒有得到證實。

朱元璋為何「速葬」，這一祕密已經隨著朱元璋遠去，無法追回。而朱元璋的屍骨究竟在何方，謎底恐怕只有等到開挖明孝陵的那一天才能最終揭開。這一天或許近、或許遠，但在那天到來之前，朱元璋的真身到底葬在哪裡，仍將是一個謎。

李自成的百萬大軍瓦解於鼠疫嗎

「吃闖王，穿闖王，迎闖王，不納糧……」

穿越時空，在北京城裡，我們彷彿看見一位英雄人物引領著他的百萬大軍，在老百姓的歡呼雀躍聲中浩浩蕩蕩地走來。他，明末農民起義軍領袖李自成，最終推翻了大明皇朝，攻佔了北京城。然而，為何進京四十天後，李自成的軍隊好像突然間失去了戰鬥力，清軍一觸即潰，且從此一蹶不振？

「闖王」李自成的功敗垂成讓千萬人扼腕嘆息，同時，也為其速敗的原因絞盡腦汁，苦苦追尋，上下求索。

有的人認為李自成是敗於驕傲自滿、腐化墮落。攻佔北京城後，流寇出身的李自成以為大業已成，是時候高枕無憂了，於是貪圖享樂，荒淫腐化，最後招致失敗。

有的人認為李自成失敗的原因在於軍紀渙散，戰鬥力嚴重下降，遇到八旗鐵騎的清軍時，不堪一擊，兵敗如山倒。

有的人認為李自成敗於「馬上得天下，不能馬上治天下」。李自成擁有大批的能征慣戰的將士是沒錯，但缺乏一支完成統治治理工作的文官隊伍。在攻下大片領土後，治理人才奇缺的弊端就逐漸顯現出來，致使李自成後來損失慘重。

有的人認為戰略上的巨大失誤導致了李自成的失敗。李自成戰略的巨大失誤表現在沒有把清朝這個一直想入主中原的強大集團包括在戰略形勢判斷裡。正因為如此，李自成才採取了直取北

京的戰略。如果沒有清朝的干預，以李自成的實力，是可以勉強對付張獻忠集團、南明集團和吳三桂集團的，可是一旦加上清政府集團的實力，李自成自然難以抵擋，失敗近在眼前。

還有人認為李自成的失敗並非在於人禍，而在於天災——鼠疫。鼠疫，俗稱「黑死病」，是一種以老鼠和跳蚤為傳播媒介、傳播速度極快、死亡率很高且難以控制的可怕傳染病。患鼠疫的人一般會出現淋巴腺膿腫或皮膚出現黑斑，三、五天就會去世。

據有關文獻記載，李自成三月進京，當時鼠疫已出現在北京一帶。尤其春季的到來，跳蚤、老鼠開始趨向活躍，大規模的鼠疫肆掠整個京城，李自成的軍隊也難逃此劫。鼠疫在軍營蔓延，大量將士被感染，長時間無法擺脫，戰鬥力每況愈下，最後與清軍交戰時一觸即潰。與此相反，因為跳蚤討厭馬匹的氣味，所以清軍的騎兵沒有被鼠疫傳染，戰鬥力絲毫沒有受到影響。

對此，就算李自成再有能耐，也只有「無可奈何花落去」，感嘆「天亡我也」。

以上說法似乎有各自的合理性，但並不代表就是歷史的真相。李自成熊熊百萬大軍究竟慘敗於何，仍然是一個歷史之謎。

到底是誰燒了圓明園

誰燒了圓明園，這一中學生都知曉答案的問題，似乎沒有重新設問的必要和意義。因為「1860年第二次鴉片戰爭時期英法聯軍火燒圓明園」的史實早已走進歷史課本。

然而，到底是誰燒了圓明園，歷史課本是否完全是歷史真相的原本再現？為此，一場口舌之戰正激烈上演。

一些人堅信是英法聯軍火燒圓明園證據確鑿，無從抵賴。據當年英國遠征軍司令額爾金伯爵（James Bruce，the 8th Earlof Elgin）回憶，之所以下令燒掉皇家園林圓明園，是為了報清政府逮捕公使和戰俘之仇。行動前，還在北京全城張貼如下公告：「任何人，哪怕地位再高，犯下欺詐和暴行以後，都不能逃脫責任和懲罰；圓明園將於（1860年10月）18日被燒毀，作為對中國皇帝背信棄義的懲罰；只有清帝國政府應該對此負責，與暴行無關的百姓不必擔心受到傷害。」（譯自英文）

額爾金還描述了當時搶燒的情景：「幾個軍官、士兵上身埋在一個大箱子裡，手忙腳亂地翻弄裡邊的物品，另一幫人在爭奪一堆御袍，無人有閒情逸致欣賞藝術品，大家都在竭力搶奪值錢的東西……搶劫者們用大車拉走他們的擄獲，滿地都是散落的物品……」搶劫一空後，為銷毀現場，就一把火將其付之一炬，大火接連燒了三天三夜，北京的天空都被染得通紅。

此外，1861年，法國政府在巴黎展出「遠征中國」的戰利

品——圓明園文物——大文豪雨果評論道：「有一天，兩個強盜闖進了圓明園……這兩個強盜，一個叫法蘭西，另一個叫英吉利」。以上斑斑劣跡，難道還不足以證明英法聯軍火燒圓明園的事實嗎？

圓明園遺跡

　　與此相反，另一些人認為中國人才是搶燒圓明園的帶頭人，圓明園的第一把火，是國人自己點著的。王闓運在其長詩《圓明園詞》說道：英法軍首領驚嘆於這座萬園之園的「陳設巨麗」，雙方「相戒弗入」，怕入園後搞壞物件，分不清也承擔不了巨額賠償的責任，決定在園外駐軍。而破落貴族（即指滿人）乘機「倡率奸民」，假借聯軍之名，入內縱火，並哄搶財物。聯軍這才跟進園內，士兵們眼紅「中國暴民」的收獲，於是在軍官默許下加入劫掠的行列。中外強盜邊燒邊搶，大火三日不息，局面終於失控。

　　還有人認為圓明園並不是一次性被毀的，而是經過好幾次。根據《劫難後的圓明園》所述，不但英法聯軍、八國聯軍、義和團破壞過這座皇家園林，且20世紀北洋軍閥、國民黨政府、侵華日軍甚至六七十年代的紅衛兵都參與過對它的洗劫和掠奪。

　　歷史罪人早已不在，現如今的圓明園只剩下一片殘垣斷壁的破壞遺跡，以及世人無盡的嘆息。究竟誰是罪魁禍首，真希望有一天見證這一歷史性悲劇的混凝土能告訴我們一切，只可惜它們始終沈默無語。

究竟是誰埋葬了北洋水師

　　眾所周知，北洋水師，這支清政府建立的實力最雄厚和規模最大的艦隊，在甲午中日戰爭中全軍覆沒。對此，歷史課本的解釋是慈禧太后挪用海軍經費，用來修建頤和園為自己慶祝六十大壽，致使北洋水師經費捉襟見肘，裝備無法及時更新，最終慘敗給日本聯合艦隊。

　　然而，有人對此提出了截然相反的看法，認為北洋水師的喪生其實並不在於經費不足和武器裝備落後於日本。據說，北洋水師從1861年籌建到1888年成軍，清政府共投入海軍經費一億兩白銀，年均支出佔該年財政的4%—10%。日本政府從1868年到1894年間共向海軍撥款9億日元，折合成白銀才6000萬兩，年均支出相當於同期清政府對海軍投入的60%。由此可見，與當時日本海軍經費相比，滿清王朝海軍經費可是有過之而無不及。

　　再看武器裝備，北洋艦隊也絕不會輸給日本聯合艦隊，無論是數量還是質量。北洋水師與聯合艦隊鐵甲艦數量比是6：1；非鐵甲艦方8：9。定遠號、鎮遠號的護甲厚14寸，經遠號、來遠號的護甲厚也達9.5寸。日本威力最大的「三景號」艦也缺乏北洋艦隊如此大規模的裝甲防護。

　　北洋艦隊的定遠、鎮遠兩艘鐵甲艦綜合了英國「英偉勒息白」號和德國「薩克森」號鐵甲艦的長處設計而成，各裝12英寸大炮4門，裝甲厚度達14寸，堪稱當時亞洲最令人生畏的鐵甲堡

式鐵甲軍艦，在世界也處於領先水平。就火炮而言，無論小口徑火炮，還是大口徑火炮，北洋艦隊均佔優勢。小口徑火炮方面，中日比例是92：50；200毫米以上大口徑的火炮，中日比例是26：11；中口徑火炮方面，中日比例是209：141。就平均船速說，日艦每小時比我艦快1.44節，優勢似乎不像人們形容得那麼大。正是基於這種力量對比，清朝政府才毅然對日宣戰。

「事實勝於雄辯」，北洋水師最終還是沒能逃脫全軍覆沒的命運。那麼，究竟是怎樣的原因讓北洋艦隊變成了一個悲劇，是誰埋葬了洋水師，是日本還是中國自己？

北洋水師覆滅的關鍵原因在於清政府本身，封建君主制度是罪魁禍首，它親手為北洋艦隊掘墓，將其埋葬。甲午戰爭時，滿清王朝正在走下坡路，政治腐朽，軍紀敗壞，國力每況愈下。雖然軍隊的規模不小，但由於組織不利、訓練不嚴、作風不良，整合力嚴重受損，以致最後在對戰日本艦隊時不堪一擊，全軍覆沒。

究竟是誰埋葬了北洋水師，找出這個問題的答案不是最重要的，其最大的價值在於在探尋的過程中應該反思些什麼，改進些什麼。

城坊篇

傾城傾國非傳說

阿房宮只是個傳說

「六王畢，四海一，蜀山兀，阿房出。」

唐代著名詩人杜牧的《阿房宮賦》是當今許多人耳熟能詳的名篇佳作，然而歷代文學作品中關於阿房宮的描述到底有多少是歷史的真實，又有多少是出於文人墨客的發揮之筆，這些就不為大多數人所知了。

要了解一個真實的阿房宮，修建這座宮殿的原因自然首需知曉。秦始皇於公元前221年統一六國之後便開始以都城咸陽為首要建設目標，大興土木，阿房宮就是秦始皇時期所築宮殿中最宏偉壯觀的一座。相傳，秦始皇當年認為咸陽人口過於繁密，而且城中所建宮殿又十分狹小，因此他才在公元前212年下達命令，要求在渭河以南，故周都城鎬、豐之間修建一座美輪美奐、大氣磅礴的嶄新殿宇——阿房宮。

至於這座華美壯麗的宮殿為何要稱之為「阿房」，則歷來眾說紛紜，莫衷一是。這裡選言之成理的幾種列舉：

一、「阿，近也，以其去咸陽近，且號阿房。」是說這所宮殿距離咸陽很近，故取名阿房。

二、據《漢書·賈山轉》記載：「阿者，大陵也，取名阿房，是言其高若干阿上為房。」可見，此宮殿是因為它坐落於大陵上而得其名。

三、「此以其形命宮也，言其宮四阿旁廣也。」這是司馬遷

在《史記・秦始皇本紀》中的相關記載。所謂「四阿房廣」，古來有蜿蜒曲回，婀娜盤旋之意。可見，據司馬遷所載，阿房宮之所以為「阿房」二字，是根據宮殿曲徑幽轉的建築風格來命名的。

四、傳說「秦始皇與阿房女」的故事，即秦王嬴政與一名民間女子相愛，故修建阿房以作紀念。

《史記・秦始皇本紀》記載道：「乃營建朝宮渭南上林苑中，先作前殿阿房，東西五百步，南北五十丈，上可以坐萬人，下可以建五丈旗。」

《漢書・賈山傳》又說道：「起咸陽而西至雍，離宮三百，鐘鼓帷帳，不移而具。又為阿房之殿，殿高數十仞，東西五里，南北千步，從車羅騎，四馬鶩馳，旌旗不撓，為宮室之麗至於此。」

這樣計算開來，阿房宮南北長為115米，東西寬為690米，總面積大約為8萬平方米，容萬人所居是不在話下的。其實無論哪種記載，在歷代文人的筆墨之下，阿房宮都是一座氣勢雄渾、規模宏大的建築。然而其在文獻中記載規模的龐大卻又十分令人生疑。

多數古文獻在提及阿房宮時都用「阿城」一詞來代，據考古專家指出，所謂「阿城」，指的其實就是現在我們所見到的阿房宮前殿的遺址。另有《長安志》中記載：「秦阿房一名阿城，在長安縣西二十里。西、北、東三面有牆、南面無牆。」

這也與考古工作所證實的情況是一致的，阿房宮前殿遺址夯土台基上面南部邊緣未見夯築土牆的遺跡，而其餘東、西、北則各有夯築土牆。再加上在前殿遺址上所見的東漢之後到宋代的遺跡，這些都充分地證明了我們所認識的阿房宮，其實指的就是阿

房宮的前殿。因此，「阿房宮並未建成」這種說法在考古工作繼續深入的近年來，日漸被人接受。

另據《史記・項羽本紀》載：「燒秦宮室，火三月不滅。」這與流傳在民間的關於阿房宮被項羽用火焚毀的說法是矛盾的，因為這裡提到的僅僅只是「秦宮」，而並未提及「阿房」。而且從對阿房宮前殿台基遺址的考察和挖掘來看，證實這裡並沒有任何火燒所殘留下的痕跡，這就說明了之前流傳的阿房宮在秦末被大火焚毀的說法是有誤的。而且由前面所述阿房宮並未建成來看，項羽也根本無需燒掉一個沒有宮殿建築的夯土台。

那麼，杜牧為什麼要寫《阿房宮賦》虛構歷史呢？

原來，在公元825年，即唐敬宗寶曆元年，唐敬宗李湛十六歲繼位，昏庸無道，大興土木，不理朝政，杜牧就借這篇賦，表面上寫秦因修建阿房宮揮霍無度，勞民傷財，終至亡國，實則是借秦之故事諷唐之今事，規勸唐朝的當政者要以古為鑒，不能哀而不鑒，最後落得「後人復哀後人也」的結局。

正像他在《上知己文章啟》中所說的：「寶曆大起宮室，廣聲色，故作《阿房宮賦》。」

所以，《阿房宮賦》的最後一句話才是他的真正用意：規勸當權者要以古為鑒，不能哀而不鑒，否則只能落得「後人哀之而不鑒之，亦使後人而復哀後人也」的結局。

殷墟告訴你一個真實的商朝

　　據《竹書紀年》記載：「自盤庚遷殷，至紂之滅，二百七十三年更不徙都。」殷墟，商朝晚期國都的遺址，位於今河南省安陽市恆河南岸，即西北小屯村一帶，距今大約有3300多年的歷史，總面積超過36平方公里；因王陵、宮殿、甲骨文以及青銅器等古物的出土而受到世界的矚目。2006年7月8日，第30屆世界遺產大會在立陶宛首都維爾紐斯召開；7月13日，中國安陽的殷墟被正式列入世界文化遺產名錄。

　　殷墟在甲骨文的卜辭中被稱為「商邑」、「大邑商」，古時也被稱為「北蒙」。它在當今世界的聞名與甲骨文的發掘密不可分，最早要追溯到清代光緒年間。甲骨文最早被人們稱作「龍骨」，是當時農民在土地上耕作時發現的一種化為石塊的骨片，後來將這些骨片賣與藥店，並當作藥品服用。

　　直至1899年，一個叫王懿榮的金石學家發現了「龍骨」片上的玄機，他認定上面的圖形是一種古老的文字，之後他不惜重金收購了京城藥店中大部分「龍骨」。

　　後來王懿榮將這些甲骨交與劉鶚研究，終於在20世紀初，劉鶚首次確證了甲骨文的年代，它是殷商人為了記錄日常事件而篆刻於龜甲和牛骨上的文字。

　　由於之前人們不知道這種骨片原來是珍貴的文物，大量的甲骨文就被當作良藥食用，因此也損失了很多珍貴的史料；而且當

時中國正值沒落之際，戰亂不斷，外國列強的入侵也造成了大批甲骨文的流失。

後來經過政府以及各界人士的不懈努力，至今被發掘的甲骨文已經達到15萬片，總文字數達到將近5000，其中有2000多個單字已經被解讀。雖然甲骨文的研究已經達到了很高的層次和水平，但是仍然有一些難解的謎團等待人們發掘。

例如一些甲骨文字需要用幾倍的放大鏡才能看得清楚，那麼在古老的殷商時期人們究竟有著怎樣的篆刻技術？

甲骨文對中國人所產生的影響是不言而喻的。

首先，它經過了金文、篆書、隸書以及楷書等不同字體的發展，而且保留了字形、字音、字義等最基本的方法，是中國漢字的總源頭。

其次，甲骨文中的記載十分豐富，充分反映了殷商時期人們的科學文化水平。

例如殷商時期，人們就已經採用了十進位制，並且有了個、十、百、千、萬等數字的概念；殷商人還可以準確地記錄日食、月食等多種天文現象；我國現在依舊使用的農曆紀年法也是對殷商時期出現的殷曆法的沿用。

此外，甲骨文所記載的一些推測和占卜活動，都能夠體現殷人思維以及邏輯推理的能力。

最後，甲骨文內容（文字）與形式（骨片）的統一，更是一種美的呈現，對中國書法有著深遠的影響。

除了甲骨文之外，殷墟的光環還源於其他文物的照耀。

在1978年的考古發掘過程中，殷墟出土了將近4000餘件的青銅器物，甚至在後來還發掘出一個鑄造青銅器皿的工廠。

除了青銅器之外，玉器、石器以及原始瓷器也是數不勝數，

精美絕倫。

　　另有8000多座墓葬也是在殷墟之上被發掘，其規模之壯大，葬品之多，世界罕見；宮殿宗廟遺址和王陵遺址都是殷墟的重要遺跡，聞名遐邇的司母戊大方鼎就是在王陵以東出土的。

　　「中原文化殷創始，觀此勝於讀古書」，這是郭沫若先生在訪殷墟之後所發出的感嘆。

　　的確如此，殷墟遺址有著無比重要的歷史文化價值，它不僅讓古文獻中關於殷墟的記載有了實際可考的對象，並且確證了中國古代歷史的新框架。可以說，甲骨文的出土以及殷墟遺址的發掘，使得源遠流長的中華文化更加光鮮照人、輝煌奪目。

消逝的樓蘭古國

　　1900年，瑞典的一位探險家斯文‧赫定到中國的羅布泊考察。驚奇的是，他在尋覓水源的路途中居然發現了一座千年古城，在後來發掘過程中又有大量的陶器、文字、錢幣、絲織品等文物出土。之後經考證，此處即為史料中所記載的樓蘭國，被發現時，它已經深埋在沙漠之中大約1500餘年。

　　最早記載樓蘭一國的是《史記》，其後《漢書‧匈奴列傳》對樓蘭國也有這樣的描述：「鄯善國，本名樓蘭，王治扞泥城，去陽關千六百里，去長安六千一百里。戶千五百七十，口四萬四千一百。」

　　樓蘭古城形似正方，面積約為12萬平方米。它是西域36國中的一個小國家，其都城位於今天新疆的羅布泊西北岸，約於公元前300年時建立。

　　樓蘭古城盛極一時，然而真正令世界各地人士趨之若鶩和神往的卻是它在1600年前神祕消失的原因。事實上，歷史上興起於塔里木盆地一帶的所有古城，包括樓蘭在內，幾乎都是在同一時期，即公元4世紀，消失於茫茫沙海之中。那麼，樓蘭消失之謎究竟作何解釋？

　　一、生態惡化說。與中原「黃腸題湊」相似，樓蘭文明在繁盛之時也將大片樹木砍伐，用來建造神祕而又意味深遠的「太陽墓葬」。

「太陽墓葬」外形奇幻而優美，壯觀而不失神祕；它是由層層圓木相契而成，整個形狀呈現出放射的狀態，由細而粗，排列有序，酷似普照大地的太陽一般。由於樹木被大量濫伐，再加上深處內地，其自然氣候本來就乾燥多風，水源缺乏，最終，這裡的生態平衡遭到了極大的破壞，沙漠逼近，樓蘭人為了逃荒，遠離家鄉。

二、戰爭說。東晉是我國歷史上戰亂不斷的時代，而樓蘭古城恰好又生存於此時，又逢其地理位置在軍事中的重要性，樓蘭國因此也成了各方都想霸佔的戰略要地。頻繁的戰爭將樓蘭文明一洗而盡，民不聊生，百姓蒼茫，樓蘭國最終只好向死亡的墓穴走去。

三、水源匱乏說。樓蘭文明得益於塔里木河的流經，然而在東漢之後，由於河流中游的注濱河改道，樓蘭國也因此喪失了主要的水源。雖然後來敦煌的鎖勒率人竭力將注濱河水引入樓蘭區域，但是最終還是沒能讓樓蘭擺脫斷水的命運。

四、災病說。疾病蔓延的速度超過了樓蘭人逃命的步伐，很多人相信瘟疫致使是樓蘭消失的最終原因。相傳這種瘟疫就是可怕的「熱窩子病」，一個地域只要有人感染了這種疾病，在落後的生產力條件下，必然會將災難殃及幾乎所有成員。樓蘭古城的人民就遭遇了這場不幸。

1980年由穆舜英在新疆發掘的一具樓蘭女屍為原本如夢一般的樓蘭文明又蓋上了一層面紗，樓蘭文明更顯得神祕莫測。試想，在當時怎樣才能使一具屍體在3000年後還保存的那樣完好？

然而，「上無飛鳥，下無走獸，遍及望目，唯以死人枯骨為標識耳」，高僧法顯在公元400年取經時經過樓蘭，那時的樓蘭古國已是一片蒼涼。西域本屬於乾旱之地，青藏高原的隆起更加

劇了這一地區的旱情，沙漠化程度逐漸嚴重。

　　樓蘭文明消失之因至今眾家爭論不休，但是無論是哪種說法，上述的幾種原因都不可能單一地將一片輝煌在瞬間摧毀，樓蘭古城更有可能是在幾種外力的交合之下銷聲匿跡的。另外，人類的急功近利，對利益的驅逐也是導致樓蘭消失的原因之一。

　　樓蘭文明的消失無論是對中國還是世界，都是一種遺憾，然而遺憾過後，人們又不得不加以反思。戰爭、乾旱、氣候變暖、瘟疫，人類對自然環境的破壞在現今已經達到了前所未有的程度，生存環境逐漸惡化。那麼人們是否可以以樓蘭為戒，對自身的行為加以適當的反省，以絕後患？

桃園從未三結義

「劉焉出榜招募義兵。榜文行到涿縣（今河北省涿州市），引出涿縣中一個英雄。那人不甚好讀書；性寬和，寡言語，喜怒不形於色；素有大志，專好結交天下豪傑；生得身長七尺五寸……次日，於桃園中，備下烏牛白馬祭禮等項，三人焚香再拜而說誓曰：『念劉備、關羽、張飛，雖然異姓，既結為兄弟，則同心協力，救困扶危；上報國家，下安黎庶。不求同年同月同日生，只願同年同月同日死。皇天后土，實鑒此心，背義忘恩，天人共戮！』誓畢，拜劉備為兄，關羽次之，張飛為弟。」

此段截取自《三國演義》第一回：宴桃園豪傑三結義，斬黃巾英雄首立功。

講的是東漢末年，由於朝廷日益腐敗墮落，民不聊生。劉備為了消除這種現狀，在一個園林之中與關羽和張飛結為兄弟。結拜之時，正值春光燦爛之日；桃花遍天飛、滿地落。三人在這樣美好的季節和情景之下確立了共同的人生目標，同甘苦，共患難，準備為天下百姓的生存做出奮鬥。故名「桃園三結義」。

不求同年同月同日生，但求同年同月同日死。「桃園三結義」的流傳得益於《三國演義》，這個流傳千古的感人立志之說也是《三國演義》所講述的第一個故事。然而文學作品中的講述又是否真實？歷史上劉備、關羽和張飛三人真的有過三結義嗎？且做以下分析：

「寢則同床，恩若兄弟」，據《三國志‧張飛傳》載，關羽和張飛在劉焉招募有識之士之前就已經投奔於劉備。三人關係密切得像兄弟一般，但是關羽和張飛對平原相劉備還是以主僕相稱。「少與關羽共事先主，羽年長數歲，飛兄事之。」這句話的意思是說，張飛與關羽共同侍奉先主劉備，由於關羽年長於張飛，所以張飛把關羽當哥哥看待。此句話也並沒有說明張飛和關羽與劉備是兄弟的關係。

關羽被曹操捕獲之後，曾說：「吾受劉將軍厚恩，誓以共死，不可背之。」以「劉將軍」稱呼劉備，可見關羽並沒有以兄弟與劉備相稱，而是以君臣相稱。後來關羽被殺害後，魏文帝問朝臣劉備會不會出兵為關羽報仇，有人回答：「劉備和關羽『義為君臣，恩猶父子』，關羽被殺害，如果劉備不能為他報仇，對關羽的恩義就不算全始全終了。」「義為君臣」、「恩猶父子」，劉備與關羽的關係始終沒有提及過兄弟之情，可見，兄弟結義之說不能信以為真。

桃園三結義

再者，關羽生年不詳，但是有兩種說法：一種是說大概在公元159年；另外一說是160年。而劉備出生於公元161年。可見，關羽年長於劉備兩歲。這麼說來，桃園三結義中的大哥，也就是劉備，年齡比關羽小。那麼劉備又何以為大哥呢？

由以上分析看來，「桃園三結義」與史料所記載有諸多不吻合之處，那麼羅貫中應該是借助史料進行了發揮創作。

畢竟文學作品意在想像，三分實，七分虛的《三國演義》也並非全部都可考可據。

金庸筆下「明教」的前世今生

　　「張無忌翻開書來，但見小楷恭錄，事事旁徵博引。書中載得明白，明教源出波斯，本名摩尼教，於唐武後延載元年傳入中土。其時波斯人拂多誕持明教『三宗經』來朝，中國人始習此教經典……至會昌三年，朝廷下令殺明教徒，明教勢力大衰。自此之後，明教便成為犯禁的祕密教會，歷朝均受官府摧殘。明教為圖生存，行事不免詭祕，終於摩尼教這個『摩』字，被人改為『魔』字，世人遂稱之為魔教。」

　　以上一段文字選自金庸的武俠小說《倚天屠龍記》。現代人對明教的認識在很大程度上是通過金庸的武俠小說知曉的。金庸將明教寫進其小說之中，先前必然會對明教的歷史面貌做一番仔細的研讀和分析。然而小說畢竟還是文學作品，其中不乏作者的想像和發揮。所以，想要還原一個真實的明教，還應該追尋史料記載以及實際考察。

　　明教從何而來？明教又名摩尼教，或稱牟尼教，為公元三世紀中葉波斯人摩尼所創立。它源自古代波斯祆教，是一種將基督教與伊朗馬茲達教義混合而成的宗教。摩尼教的主要教義是「二宗三際論」，二宗是指黑暗與光明、善與惡，即世界的兩個本原；三際是指世界發展的三個過程，過去、現在和未來。

　　摩尼教的二元論思想對於基督教的異端、諾斯替教派以及希臘、羅馬的哲學都有影響。它認為世界原來是黑暗與光明互不干

擾，但是後來由於黑暗侵入光明，兩者相混，天下開始不太平。因此摩尼教的理想就是最終使黑暗與光明再次隔離，實現和諧樂園。

那麼明教的源頭摩尼教是如何傳入中國的呢？相傳，公元694年，波斯的一名僧侶帶著摩尼教的經典《二宗經》來到中國，後來摩尼教在中國經過與佛教、道教的相融相合，逐漸成長。然而此教在興盛一段時間後，於唐開元年間被朝廷下令禁止，原因是官方認為這個教派有偏於邪教的傾向，它的流傳會將百姓誤導。摩尼教在中國的流傳一直是起起伏伏，之後又有幾次興起與沒落，然而其最終卻沒能逃脫消亡的結局。由於「會昌滅佛」，摩尼教在中國最終以「明教」代替了其原名。

明教向來以白衣素食為其風俗禮儀，不知其清心寡慾的教義是否能夠安慰明教教派的沒落。如今的明教遺跡，選真寺、明教寺以及淺光院等都顯露出一種備受冷落的荒涼之氣，明教在中國的沒落令人疑惑。其實說起明教的消失，就不能不提及佛道二教。摩尼教在其建立之初就吸收了佛教的一些教義，在傳入中國後更是與佛教相依相守，難分難捨。

由於摩尼教本身就比較簡單，再加上它對佛、道二教的依附和融合，使得明教在中國民間的傳播很廣泛。雖然到了元代官府明令禁止明教的傳播，但是明教依舊沒有斷了根源，而是轉入江浙沿海一帶祕密發展。但是到了明代初期，由於在溫州一帶的明教活動比較明顯，暴露了其蹤跡，官府發現之後立即將其禁止。同時禁止的還有白雲宗會等等。明教最終銷聲匿跡。

也許是混入了佛道二教，也許是真的沈寂了，明教的結局與其開端一樣，都與佛、道有著不解之緣。明教在中國的命運拴在佛、道二教之上，隨之興起，又因其沒落。

項羽魂歸東城

——相傳，項羽死於東城。

《漢書·陳涉項籍傳贊》中太史公司馬遷在講到項羽時評價道：「項羽自矜功伐，奮其私智而不師古，謂霸王之業，欲以力征經營天下，五年卒亡其國，身死東城，尚不覺悟而不自責，過矣。」

項羽生於公元前232年，猝於公元前202。他是秦朝末年率領農民推翻暴秦的領袖，在公元前207年的巨鹿之戰中率楚軍將秦軍殲滅。其後，項羽自封為西楚霸王。然而他最終由於自己的不可一世而敗於劉邦之手，自刎烏江。

那麼，太史公所講的東城究竟在哪裡？

說法一：「東城南陌塵，紫轊與朱輪。」、「寄老之區，在於湯泉。實為歷陽，東城之域。」、「大江之濱，東城之野，有泉出焉」。這三句詩詞分別是由唐朝詩人張籍、北宋詞人賀鑄以及詩人秦觀所作，它們都是描寫東城的所在地是於烏江附近的江蘇境內。

太史公所講的東城真的就是在江蘇嗎？

《元和郡縣誌》載：「項羽自陰陵至此，尚有二十八騎。南走至烏江亭，灌嬰等追羽，楊喜斬羽於東城。」

《文獻通考》載：「烏江本烏江亭，漢東城縣，梁置江都郡，北齊改為密江郡，陳臨江郡，後周烏江郡，隋改為縣。有項亭。」

《和州志‧補沿革》載：「夏書曰：淮海維揚州。孔氏傳曰：北據淮，南距海，淮海之間，其地廣矣。和處江北，而實介於淮海之間。故揚州域內也。春秋戰國皆屬楚地。秦為九江郡之歷陽及東城縣之烏江亭地，歷陽為都尉所治，漢高帝更九江郡為淮南國，歷陽及東城烏江亭地如故。」

以上的詩文和古籍都說明瞭東城確實位於烏江附近的江蘇境內。這麼說來，項羽「身死東城」，這個東城就在江蘇。

說法二：《水經注》載：「淮水又東，池水注之。」池水「徑東城縣故城南。」《隋書‧地理志》載：「南梁改東城為定遠縣，屬臨濠郡。」

《中國古今地名大辭典》載：「東城縣：秦置。漢高帝五年，項羽兵敗，自陰陵引而東，至東城，乃有二十八騎。漢文帝封淮南曆王子良為侯邑。東晉後縣廢。故城在今安徽定遠東南。」另有《括地志》載：「東城縣故城在濠州定遠縣東南五十里。」

按照以上史料所講，東城位於滁河以北的安徽省定遠縣。

一說東城位於滁河以南的江蘇，一說東城是在滁河以北的安徽，為何史料的記載會有矛盾？項羽究竟生死何方？中國人民大學的馮其庸在《項羽不死烏江考》中認為，所謂項羽烏江自刎之說不具備歷史真實性，它只是在民間流傳的說法而已。

關於東城的真實位置，目前還在不斷爭論之中。是江蘇還是安徽，也許最終會有定論，抑或許，將會永遠成為千古之謎。

「龍城」在何處

秦時明月漢時關，萬裡長征人未還。
但使龍城飛將在，不教胡馬度陰山。

　　唐代詩人王昌齡的《出塞》一首為「龍城飛將」打響了名氣。一直以來，大家都認為「龍城飛將」就是指聲名顯赫的大將軍李廣。其實不然。所謂「龍城飛將」，並不是單指李廣一人，還包括數擊匈奴的衛青，甚至是指代多位抗擊匈奴的英雄豪傑。

　　我們的疑問是，這個「龍城」指的是哪裡？

　　有兩種說法：一說龍城是當年匈奴拜祭祖先的地方，位於現今的蒙古人民共和國鄂爾渾河西側的和碩柴達木湖附近；二說龍城是指盧龍城，是漢朝右北平郡所在地，位於今天河北省喜峰口一帶。

　　除此之外，現今的中國大地上共有七座城市被稱為龍城，它們分別是：濮陽、天水、諸城、太原、常州、柳州、朝陽。

　　諸多的「龍城」，我們從何入手？

　　首先可以確定的是，「龍城」、「飛將」以及匈奴，這三者是密切相關的。又根據匈奴民族的棲息地位置，除了人們對龍城的兩種說法外，上面提及的七個城市中的天水也可以進入「龍城」的範圍來做探討。

　　以飛將推龍城。很多人認為對龍城的解釋中，盧龍城一說較

為合理。根據《史記·李將軍傳》記載：「廣居右北平，匈奴聞之，號曰漢之飛將軍，避之數歲，不敢入右北平。」意思是：李廣將軍住在右北平，匈奴聽說李廣被稱為漢朝的飛將，於是躲避了他好多年，不敢進入右北平。

這種說法其實是按照飛將來解釋龍城，認為「龍城飛將」中的龍城是指飛將的居住地，而且這個飛將就是李廣。這麼說來，河北喜峰口一帶的右北平就是龍城。然而，又有人認為飛將不是指李廣，而是衛青。按照衛青的故居來判，他是今天山西臨汾人。難道龍城是指臨汾？這一說法非常不流行。此外，在甘肅天水有李廣墓，那天水又是不是我們所講的龍城呢？這樣看來，想要以飛將推出龍城的所在地，難於一致。

以匈奴推龍城。既然龍城與飛將的鏈條沒有搭成功，那麼只好把龍城與匈奴相接。很多人認為龍城是匈奴的著名城堡。由於匈奴族把龍作為至高皇權的象徵，因此在城中祭祀龍神，因此將此城稱為龍城，位於今天的蒙古人民共和國鄂爾渾河西側的和碩柴達木湖附近。衛青將軍抗擊匈奴的龍城大捷也應該指的是這裡。然而此說是否成立，或許今後會有更多的資料來證明。

另外，除了右北平和蒙古國境內之說，還有一種說法，即：龍城不是指地方，而是人物。2003年，大陸初中語文教科書中將原來「龍城飛將」的注釋做了修改：「龍城」指奇襲龍城的名將衛青，而「飛將」則指威名赫赫的飛將軍李廣。「龍城飛將」並不止一人，實指李衛，更是借代眾多漢朝抗匈名將。

看來，「龍城」究竟在哪？依舊是眾說紛紜，今無定論。

尋找西夏後裔

「殄滅無遺，以滅之、以死之」。西夏人由於成吉思汗的一句遺言而遭到了毀滅性的打擊，西夏王朝從此覆滅。那麼，西夏人是否真的被滅絕了呢？如今在中國還殘存有西夏後裔嗎？

《遼史・西夏外記》有載：「西夏本魏拓跋氏後。」拓跋赤辭是黨項族拓跋部落的首領，他投降於唐朝，並被皇帝賜予李姓，後帶領族人遷徙至慶州，也就是今天的寧夏。後來拓跋思恭平黃巢起義，朝廷為了表彰於他又賜李姓，之後黨項族就以夏國為其棲息之地。

黨項族於唐代初期逐漸強大起來，夏國是其建立起來的一個封建王朝，於公元1038年成立。因為位於西方，所以宋人將其稱為西夏。寧夏、甘肅、青海、新疆、內蒙以及陝西的部分地區都在其統治範圍之內。之後西夏與南宋、金成三國鼎立之局勢，直至公元1227年，西夏才被蒙古所滅。

黨項族本是遊牧民族，其性格剛烈。蒙古大軍在進攻西夏軍隊之時遭到了強烈的抵抗，成吉思汗也因此而命喪黃泉。面對如此強大的反擊，他在臨死前發出命令：「殄滅無遺，以滅之、以死之。」因為這句話，蒙古士兵對西夏王朝進行了瘋狂的殺戮，西夏人就此倒在了血泊之中。不僅如此，蒙古族對西夏的文化也進行了掃蕩，包括史籍、文字、歷史、皇家陵園等。西夏文明告別於此。

然而，多年來致力於西夏學的學者李範文將他的研究成果透露於世。他說西夏人其實並沒有遭到全部滅絕，一些西夏人逃過了死劫，流亡到尼泊爾或是中原及以南的地方繁衍生息。他們在與漢民族的相處中逐漸融合，一部分人入了漢族，還有的人成為回族、蒙古族、藏族等少數民族。另外在四川和東南沿海的浙江也有西夏人的足跡。

經過李範文的實地考證，他認為四川省甘孜藏族自治州丹巴縣「美人谷」的嘉絨藏族就是西夏人的後裔。還有河南濮陽地區也有一支姓楊的西夏後裔。更加令人驚奇的是，在寧夏有一個叫南長灘村的小村子中，保留有非常完整的西夏族譜，村眾人全部姓拓，自稱是西夏後裔。

此外，於2000年7月拜祭西夏王陵的李培業，其家中留有多達十部的西夏皇族家譜，分別是：《皇族李氏家譜》《湟郡李氏家譜》《李氏家乘》《海敦李氏家譜》《西夏李氏世譜》《李氏歷代世襲圖考》《李氏家乘》《海東李氏家乘》《李氏世系表》和《鮮卑族源流通考》。學者李範文在考察完家譜之後認為，李培業有可能就是西夏末代皇族的後裔。

李培業等人是否就是西夏的皇族後裔還有待考證。然而，西夏人並沒有遭到全部毀滅這一點是肯定的，西夏後裔仍舊存在。

契丹為何在歷史上消失

　　像是斬斷了原本一望無際的青草原，黃水和土河靜靜地躺在遼闊的北方大地上，養育著剛毅而又細膩的北方兒女。有一日，一位來自黃水那邊的美麗女子和一位來自土河那邊的男子，他們分別騎著青牛和白馬，仙衣飄飄地走向兩河的交匯之處。相識相戀，融為一體，繁衍生息。

　　這個美麗的神話傳說講的是1400年前契丹族起源。後來經過專家的分析和史料的記載，才對這個傳說作出了科學的解釋。女子和男子分別代表的是生存於兩河流域的兩個原始氏族，他們的圖騰分別是青牛和白馬，之後這兩個部落逐漸遷徙到兩河的交匯之處，並且相互融合，最終形成了一個新的民族：契丹。

　　契丹原意為「鑌鐵」，堅固而不可摧毀。公元628年，契丹歸附於唐朝，進貢納稅，期間也不乏爭鬥。公元916年，耶律阿保機統一契丹各部，建立契丹國，公元947年改國號為遼。

　　遼國疆土廣大，是當時宋朝的兩倍之多。東部延伸至海，南部跨越長城，北部瀕及大漠，西部觸之流沙。國強民盛，顯露一時之威。契丹王國歷經九代帝王之後，公元1125年被金所滅，終於沈寂於世。

　　契丹王朝擁有200多年的輝煌歷史，曾經叱吒風雲，聲名遠和。宋軍的楊家將就曾經和契丹軍隊拼死沙場。俄文中的「中國」就是「契丹」，馬可‧波羅的遊記之中也是以「契丹」來代

替中國。可見當年契丹聲勢之浩大，讓外國人都認為中國就是由契丹所統治。契丹人創立了自己本民族的文字，有契丹大字和小字之分。契丹國佛教盛行，在山西應縣木塔中就發現了佛經、佛畫等瑰寶。契丹人的服裝顯示出其族類的特色，長袍窄袖，圓領左衽。

總之，除了擁有強大國力之外，契丹民族還創造了豐富多彩的文化和藝術。

然而這麼一個驍勇善戰的鋼釘之族，為何在亡國後就悄無聲息了呢？契丹族裔奔向何方？

一位傳教士於1922年在內蒙古發現了一座契丹人的墓葬，被發掘時墓葬已經被盜。墓葬大約有900多年的時間，裡面有刻著文字的石碑，後來經過專家認定，這些無人識別的天書就是契丹族早在700年前就失傳的文字。契丹後裔露出冰山一角。

在《遼史》的記載之中，遼國滅亡之後，有一部分契丹末代王室的追隨者和一些居住在遼國南部的契丹人存活了下來，他們逐漸與其他民族融合。而且，金朝統治時期，契丹人的勢力實際上也不示弱，他們投靠於蒙古旗下，並且想要借助蒙古國的力量打敗金國，實現契丹民族的偉大復興。

史學界推測出了幾種契丹人可能的去向：一種是居住在契丹祖地的人，他們逐漸與其他民族交融，以至於後來忘記了自己的族源；第二種可能是，居於漠北的契丹人在「西遼」的滅亡之後，逐漸遷徙到克爾曼地區，最後轉化為伊斯蘭信徒；還有一種可能就是，一部分契丹人投靠於蒙古國，散居各地。

除了史學界的三種推測之外，有人認為如今生活在大興安嶺地區的達斡爾人就是契丹後裔。專家根據他們的生活習慣以及民俗風情判斷後，認為達斡爾人繼承了很多契丹人的傳統，他們有

可能是契丹後裔，但是證據尚不確鑿。

　　另外還有在雲南施甸縣發現的使用契丹文字的「本人」。而且在那裡的一座宗祠裡還有一塊牌匾，匾上所刻即是「耶律」二字。但「本人」究竟是不是契丹後裔，還未得到充分證明。之後又有專家通過DNA對被疑似為契丹後裔的「本人」和達斡爾族人做出了鑒定，但是由於技術等問題，其結果仍是不太明晰。

　　雖然對契丹後裔的尋找還沒有得到最終的定論，但是一次次的尋覓和鑒定已經將目標漸漸推進。剛強的契丹民族，其後裔是否也擁有「鑌鐵」之性情，我們拭目以待。

紅樓夢大觀園在哪裡

曹雪芹當年撰寫《紅樓夢》的時候可能沒有想到，隨著時間的推移，他的著作居然形成了一門學問：紅學。紅學研究的範疇很廣，劉姥姥曾經遊覽過的大觀園當然也屬於紅學研究的對象。

大觀園究竟有沒有原型以及大觀園的原型在哪裡等等，其實諸如此類的探討從清乾隆年間就已經有人涉及了。但是直到現在為止，學術界對此問題依舊保持著公說公有理婆說婆有理的狀態。除了有北京說、南京說、西安說等說法之外，還有人認為《紅樓夢》中的大觀園只是曹雪芹的虛構而已，沒有原型可考。總之，此問題始終沒有定論。

很多學者依據小說中大觀園中的景物和房屋造型特色等，判定大觀園的位置在中國的南方。例如南京城內就有幾處被紅學家們疑似為大觀園原型的地方，如南京小蒼山等。我們以「花牌樓」為例：

花牌樓位於何方？據《上元縣誌》記載：「吉祥街在花牌樓北」、「常府街在花牌樓東」，如此推來，花牌樓就位於南京市太平南路偏北一段。紅學家們根據《紅樓夢》中的「元妃省親」推測，花牌樓就是大觀園牌坊的所在地。因為多數人都認為「元妃省親」一段就是寫曹雪芹家族的事蹟，而且曹雪芹的祖輩也曾多次接駕過乾隆的到來。

在南方說中，還有人指出大觀園的原址位於杭州的西溪，而

西溪一說則又源自作者之謎。有人認為，《紅樓夢》不是出自曹雪芹之筆，而是由《長生殿》的作者洪升所著。又根據洪升的故里在杭州西溪，再經過其他方面的論證，最後得出大觀園的原型位於風景如畫的杭州西溪。

除了南方之外，大觀園原址之爭還傾注在北方的城市中，如北京和西安這兩座古老的皇城。劉姥姥曾經在遊覽大觀園時說道：「在這長安城中……」，這又使得眾多的紅學家認為大觀園原型應該是在古城西安。

一九八三年版的電視劇《紅樓夢》以北京市宣武區南二環路為地點，根據小說中所描繪的景致在這裡建造了一個高雅優美的古典園林。這就是電視劇中的大觀園所在地，其原址為明清時期的皇家菜園，明代還在這裡設立「嘉疏署」。

「北京大觀園」的修建對於《紅樓夢》中的原型描寫十分注重，例如綠竹滿園的瀟湘館，富貴尊榮的怡紅院等。由於此版電視劇《紅樓夢》讓眾多紅學愛好者痴迷不已，再加上自從曹雪芹的《紅樓夢》問世以來，人們只能通過在文字間遊轉來感受心中的大觀園，而無法付諸於實景，因此，「北京大觀園」也是非常令人神往之地。

《紅樓夢》除了給我們塑造了一批生動細膩的人物形象和一股仙境中的悲憂氣息之外，還為我們留下了許許多多的千古之謎。對大觀園原址的探討仍在火熱之中。

太平天國祕藏之謎

「凡天下田，天下人同耕」，有著一股子「理想國」味道的太平天國最終還是覆滅於大清王朝的手中，農民階級思想的局限性真的將他們送上了「天國」。

1864年7月，太平天國的都府天京被曾國荃率領的湘軍攻克，曾國藩到達後下令「洗劫」整個天京城。

早在湘軍進入天京之前曾國藩就對洪秀全窖藏寶物之說有所耳聞，在天京被攻陷之後曾國藩就發出命令：「凡發掘賊館窖金者，報官充公，違者治罪。」然而，幾乎把整個南京城都翻遍了的湘軍，終於還是沒有找出寶藏的下落。

曾國藩上奏朝廷：「歷年以來，中外紛傳洪逆之富：金銀如海，百貨充盈；臣亦嘗與曾國荃論及：城破之日，查封賊庫，所得財物，多則進奉戶部，少則留充軍餉，酌濟難民。乃十六日克復後搜殺三日，不遑他顧，偽宮賊館，一炬成灰。逮二十日查詢，則並無所謂賊庫者。訊問李秀成，據稱：昔年雖有聖庫之名，實係洪秀全之私藏，並非偽都之公帑。偽朝官兵向無俸餉，而王長兄、次兄且用窮刑峻法搜括各館之銀米。蘇州存銀稍多於金陵，亦無公帑積貯一處。惟秀成所得銀物，盡數散給部下，眾情翕然。此外則各私其財，而公家貧困；等語。臣弟國荃以謂賊館必有窖藏，賊身必有囊金，勒令各營按名繳出，以抵欠餉。臣則謂勇丁所得賊贓，多寡不齊；按名勒繳，弱者刑求而不得，強

者抗令而遁逃,所抵之餉無幾,徒損政體而失士心。因曉喻軍中:凡剝取賊身囊金者,概置不問;凡發掘賊館窖金者,報官充公,違者治罪。所以憫其貧而獎其功,差為得體。然克復老巢而全無貨財,實出微臣意計之外,亦為從來罕聞之事。」

依曾國藩之意:天京無寶。然而,有記載卻說:「宮保曾中堂之太夫人,於三月初由金陵回籍,護送船隻,約二百數十號。」是說曾國藩的夫人回老家湖南由二百來號船隻相送,這麼多的船,很難不讓人懷疑其中所載即為太平天國所藏的寶藏。

還有人認為太平天國的窖藏實為石達開所藏。當年,石達開在太平天國消亡之前因其不受洪秀全信任而率兵潛逃,卻在大渡河全軍覆沒。相傳石達開有著「面水靠山,寶藏其間」的影射,他還有一張藏寶圖示。大渡河周邊的村落也流傳著關於石達開藏寶的一些傳說,說他將寶藏藏在了一座名為「太平山」山間。

另外的關於窖藏一說講的是曾國荃,因為當年天京陷落後最先進駐城內的便是曾國荃。相傳他入了天王府之後不僅搜羅各處,而且還把洪秀全的遺體翻出來焚滅。一個從圓明園流傳出來的「翡翠西瓜」就被他所獲。因此有人認為他就是寶藏所得者。

除了以上幾說之外,據《中華全國風俗志·南京采風記·人品綽號》中所載:「寧俗好以綽號呼人。暴富人家,皆有綽號。如王豆腐,即其家曾業豆腐也;蔣驢子,即其先有人趕驢子也」。說的是蔣驢子和王豆腐的情況,相傳他們兩個都是因為得到了太平天國的窖藏而一夜暴富。

是為曾氏兄弟所得也好,是石達開藏寶也好,抑或是寶藏落在了蔣驢子和王豆腐的手中也好,藏寶歷來都可謂智力遊戲。無論寶藏是否存在,尋寶人與藏寶人之間的糾葛總是存在的,至於這糾葛是深是淺,就要看其間的較量了。

明代北京城規劃之謎

　　歷經數代朝廷的風雲變幻，北京城的建設也愈來愈修容完善，其古色古香的氣韻延伸至整個中華大地上上下下。北京城的「王者之氣」讓盤踞此地的「神龍」不可不為王。由金至元，帝王對北京城王尊形象的樹立更是加大了力度，金碧輝煌之際盡顯奢麗豪義之極。至明代，北京城的規劃更是秉承了中國《周易》思想之精華：「天人合一」。內外城交相輝映，顯出「天圓地方」的格局，這時的北京城可謂世界建築史上的典範之作。

　　然而，今天我們再俯瞰明代所規劃出來的北京城，卻意外地發現了「玄機」的存在。一些專家通過對北京景山地區的遙感航攝照片的觀測，發現了一些之前不為人所知的「祕密」。他們說，從照片中來看，明代的古建築群落在整體上呈現出了擬人化的風格。之後，許許多多對此感興趣的人士都紛紛參與進來探討，並且對北京全城的景象都拍下了遙感照片。在眾專家學者以及愛好者翻閱了大量的相關史籍之後，他們發現了一個驚人的大玄機：明代的北京城居然呈現出水龍和陸龍狀的「雙龍」佈局。兩條皇龍饒水銜山，景象之奇特壯觀無可比擬。

　　據觀測，「雙龍」佈局展露出明顯的龍眼、龍身及龍尾。神龍擺尾，英姿颯爽，風采盡顯。先看水龍：其以湖心島為龍眼，以南海為其龍頭所在，北海與中南海共同構成它的龍身，最後以龍尾什剎海歸為一體。整條水龍的呈向西北方位。再看陸龍：龍

身由故宮所承擔，四角樓像龍的四隻利爪一樣延伸至四面八方，龍尾則由景山、鐘鼓樓和地安門大街構成，龍頭部分最是包羅萬象，栩栩如生：如天安門宛若龍吻，長安街像極了兩條飄逸的龍鬚，金水橋為頷虬，龍的鼻骨則在天安門到午門一帶，最後由太廟和社稷址作為點睛的龍眼。

整條陸龍俯臥於北京城的中軸線之上空，再加上正陽門類似龍珠一般的照耀，其雄霸的氣勢更是顯露無疑。

明代北京城的這種「雙龍」佈局若是統治者有意為之，則彰顯了中華民族歷來君權神授的思想。神龍即是帝王之象徵，帝王就是神龍之化身。但假若這「雙龍」陣實為天造之和，並非皇族有意打造，那就更加令人驚嘆天地造物的神奇了。

無論如何，隨著人類文明的不斷進步，科技也愈加發達。然而科技在為我們解答了許多謎團的同時，也發掘出了一些新的謎點，明代北京城「雙龍」佈局的發現就是這一產物。疑霧重重之中，我們又能作何解釋？

北京城為何會獨缺一角

北京城最早稱為元大都，距今已有3000年歷史。它經過多個朝代建設，建築工期長，工程量大。北京在做元朝都城時，建造的是南北端正、左右平直的長方形的城垣。在明代改建時，打破了元城牆規矩整齊的格局，缺了西北角。在上世紀70年代美國發射的地球資源衛星在北京上方所拍攝的照片上，我們能清楚地看到明代修建的內城城牆的痕跡，照片顯示城垣在西北角處呈現東北——西南的走向。

為什麼一個規矩方正的城垣要專門削去一個角呢？一直以來眾說紛紜。

據說，北京城的建設嚴格遵循風水理論。連紫禁城的名字都是取自「紫微星垣」。皇帝自稱「天子」，是上天的兒子，因此皇帝居住的地方也要按照天帝的居所來佈置。紫微星垣是以北極星為中心的星群，是傳說中天帝的居所。紫禁城內專門設置了7顆赤金頂象徵北斗七星，其中中和殿、交泰殿、欽安殿各一顆，五鳳樓四顆。

傳說明代修建北京城時，命令劉伯溫和姚廣孝重新對北京城進行設計。他倆在畫圖的時候，不知為什麼，都看到了天神哪吒顯聖。哪吒告訴他們說，他是上天派來指導他們如何建造都城的。哪吒拿出一張建築圖，讓兩人照著畫。

姚廣孝畫的時候，面對天神，戰戰兢兢，一陣風吹起了哪吒

的衣角，蓋住了圖上北京城西北角一塊，他竟然也照著描上了。到施工的時候，皇上下令，東城按照劉伯溫的圖紙營建，西城按照姚廣孝的圖紙營建。於是，北京城建成之後，城西從德勝門到西直門一塊缺了一角。

傳說固然讓人聽來著迷，然而這卻不可能是我們要找尋的真相。有人認為，城角會缺失，是地震造成的。

根據衛星照片分析，北京城西北方有兩種牆基影像，一種呈直角，一種呈35度左右的夾角。這說明北京最早的城牆確實是長方形的。但是，後來為什麼捨棄了直角呢？

據史料載，明清年間，北京附近經常發生地震，城牆西北角經常被震塌，屢次修葺，屢次崩壞。負責營造的單位專門找來風水先生查看，發現這一區域有活斷層，不適宜建築城牆。人不能逆天而行，明朝政府最後只好捨棄了直角城牆，繞過了這個區域。衛星照片證實了這種說法的真實性，從車公莊到德外大街有一條地層斷裂帶，這裡確實是地震多發區，避開此地區修建城牆是有可能的。

文化篇

史海一樣需鈎沉

「龍」之謎

中華兒女被稱為「龍的傳人」「龍的子孫」，那麼歷史上真的有龍嗎？龍是什麼樣子？千百年來沒有人見過真實的龍。可以說，龍是中國文化最古老的謎。

經過許多專家和學者多年來的研究和考證，如今，人們終於得到了一種比較一致的結論：龍起源於原始氏族社會，是古老的炎黃子孫的「圖騰」。

考古工作者已在大量出土的文物中，找到龍作為圖騰的佐證。尤其1982年興隆窪文化查海遺址的挖掘，一條長約20米、用紅褐色石塊堆砌、擺放的龍，被看作中國目前發現的最早的龍形圖案。事實證明，龍的崇拜在我國至少有8000年的歷史。

龍作為中國古代的神話圖騰，是根據何種「動物」想像出來的呢？

古籍記述其形象多不一。《左傳》說龍是一種水物；《韓非子》則說龍是蟲，當它溫柔歡狎時，人們可以騎它，但一旦觸動它喉下的逆鱗，它就會殺人。漢代學者許慎在《說文解字》中說：「龍，鱗蟲之長，能幽能明，能細能巨，能短能長。春分而登天，秋分而潛淵。」《本草綱目》則稱「龍有九似」，為兼備各種動物之所長的異類。

現代考古學家對龍的起源持有不同觀點：有人說最早的龍有角，它是一種對爬行動物的原始宗教崇拜的延續和發展；有人說

龍身來源於蛇，龍頭則來自馬頭和牛頭；還有人說，除了龍身和蛇有關外，「龍」形象的形成可能與人類日常生活關係最密切的動物有關，例如豬、狗。

關於龍的起源眾說紛紜，莫衷一是。但是根據史料記載和出土文物的研究，考古學家有理由相信龍的主體是蛇。

首先，蛇是中國古代最普遍的一種動物圖騰，許多遺址的陶器上都有描繪和刻畫。在我國新石器時代晚期，黃河中下游流域居住著很多以蛇為圖騰的氏族部落。

其次，神話傳說中的人物，如伏羲、女媧，三皇五帝，《山海經》中的共工、相柳、貳負，《竹書紀年》中屬於伏羲氏系統的長龍氏、潛龍氏、屠龍氏、降龍氏、上龍氏、水龍氏、青龍氏、赤龍氏、白龍氏⋯⋯這些人深受古老的氏族部落圖騰崇拜影響，或人首蛇身或披鱗長角。

時至今日，學術界對「龍究竟來自於何處」這個話題依然爭論不休。而鑒於「龍」對於中華民族的重要意義，這種爭論在考古學上能有決定性的發現之前想必是不會停止的。

中華民族為什麼叫做「華夏」

　　「華夏」是中華民族的稱號，作為一名中國人，常常以稱自己是「華夏子孫」為榮。雖然我們經常這樣自豪地稱呼自己，但對於「華夏」的由來卻很難給出一個定論。作為一個未解之謎，自古以來，有很多種說法，但普遍認為，以下三種說法最有依據：

1. 華夏是民族的名稱

　　「華」指的是居住在華山、以玫瑰花（音同「華」）為圖騰的「華族」；「夏」指的是居住在夏水（即漢水）旁邊的「夏族」。隨著人們的交往日益加深，最後兩個民族合二為一，統稱華夏民族。

2. 以文化標準來定名華夏

　　遠古時代，人們將文化高的周禮地區稱為「夏」，文化高的民族稱為「華」。「華」「夏」合起來，稱為「中國」。

　　相反，生活在華夏族四周的人，由於文化相對落後，所以被稱為「東夷」「南蠻」「西戎」「北狄」。隨著華夏不斷融合壯大，其他民族逐漸納入華夏文化的領域。漸漸地，華夏就成為中華民族的稱號了。

3. 華夏是「諸侯國」之一

遠古時期，中華民族可分為華夏、東夷、南蠻三大「諸侯國」。華夏代表人物有黃帝、炎帝，東夷代表人物有太昊、少昊和蚩尤，南蠻代表人物有伏羲、女媧。

5000年前，以黃帝為首的部落，最早住在我國西北方的姬水附近。後來，搬到涿鹿一帶（今河北省涿鹿、懷來）定居下來。他們在這裡發展畜牧業、種莊稼，繁衍後代。黃帝重視與獎勵耕織，這個部落安居樂業，漸漸興盛起來。炎帝族此時住在我國西北姜水附近。這個部落的發展遠不如黃帝族。就在這時，有一個九黎族的首領名叫蚩尤，十分勇猛強悍。

傳說蚩尤有81個兄弟，他們個個凶猛無比，全是猛獸的身體，銅頭鐵額，吃沙吞石，打仗英勇無比。蚩尤常常帶領他的部落、他的弟兄們、侵佔掠奪其他部落。

後來，蚩尤侵佔了炎帝的地盤，炎帝帶兵奮力抵抗，但被蚩尤弟兄殺得一敗塗地。炎帝無法，只好求助於黃帝。蚩尤帶領弟兄到處掠奪，侵犯各個部落，黃帝早有耳聞，一心想除去這個禍根。聽炎帝一說，立即聯合各部落，準備人馬，欲與其決一死戰。這次大決戰，主戰場就在涿鹿的田野上。

據說黃帝平時也馴養了熊、羆、貔、貅、貙、虎等野獸，打仗時，放出這些野獸助戰。蚩尤的兵士也十分凶猛，雙方一交戰，便殺得天昏地暗。蚩尤的兵士雖凶猛異常，但遇到訓練有素的黃帝的部隊和這一群凶獸猛虎，也抵擋不住，紛紛奪路而逃。黃帝指揮部隊乘勝追擊，奮勇拼殺，終於大敗蚩尤。

黃帝與蚩尤之戰，是正義與邪惡的較量，最終正義戰勝了邪惡。此後，許多部落都紛紛歸順了黃帝，黃帝受到諸部落的擁護。但炎帝不服氣，帶兵與黃帝交戰，雙方在阪泉（今河北涿鹿

縣東南）一帶打了一仗，炎帝失敗。

　　從此，黃帝成了中原地區最受擁戴的部落首領。由於炎帝族和黃帝族是近親，後來又融合在一起，成為黃河流域最強大的部落，構成以後華夏民族的主幹。

　　在長期鬥爭中，炎黃部落兼並南蠻部落，又統一其他各部，成為中華民族共同祭奠的祖先。在「三大諸侯國」中，最後華夏一枝獨秀，成為中華民族的代表。

　　三種說法，至於哪種最可靠有賴於考古的進一步發現。但不管怎樣，「華夏子孫」將永遠是令我們每一個中國人感到驕傲、自豪的稱呼。

傳說中的「三皇、五帝」究竟是誰

　　我國古代有把遠古三個帝王和上古五個帝王合稱為三皇五帝的傳說。那麼，三皇五帝究竟是誰？說法頗多分歧。

　　「三皇」是中國古代傳說中的遠古帝王，三皇說法自古不一。一般有七種說法：1.天皇、地皇、人皇；2.天皇、地皇、泰皇；3.伏羲、女媧、神農；4.伏羲、神農、共工；5.伏羲、神農、祝融；6.伏羲、神農、黃帝；7.燧人、伏羲、神農。

　　「五帝」是中國古代傳說中的上古帝王，實為原始社會末期的部族首領。也有五種不同的說法：1.伏羲、神農、黃帝、唐堯、虞舜；2.黃帝、顓頊、帝嚳、唐堯、虞舜；3.太皞、炎帝、黃帝、少皞、顓頊；4.少吳（皞）、顓頊、高辛、唐堯、虞舜；5.黃帝、少皞、帝嚳、帝摯、帝堯。

　　中國古書上，習慣把伏羲、女媧、神農稱為「三皇」，把太皞、炎帝、黃帝、少皞、顓頊稱為「五帝」。

三皇之伏羲

　　中國古代傳說中的人類始祖。所處時代約為新石器時代早期，他根據天地萬物的變化，發明創造了八卦，成了中國古文字的發端，也結束了「結繩記事」的歷史。他又結繩為網，用來捕鳥打獵，並教會了人們漁獵的方法，發明了瑟，創作了《駕辨》曲子。他的活動標誌著中華文明的起始，也留下了大量關於伏羲

的神話傳說。

三皇之女媧

也是中國古代傳說中的人類始祖。傳說她用黃土造人，煉石補天，治平洪水，殺死猛獸，使人民得以安居。女媧傳說是母系社會神話的反映。

三皇之神農氏

神農氏成為傳說中發明農業和醫藥的人。據傳他用木製的耒耜使人們進行農業生產，反映了中國原始時代由採集、漁獵進步到農業生產的情況。繼伏羲以後，神農氏是又一個對中華民族頗多貢獻的傳奇人物。

五帝之黃帝

黃帝是中華民族的始祖。相傳他播百穀草木，大力發展生產，創造文字，始製衣冠，建造舟車，發明指南車，定算數，制音律，創醫學等，是承前啟後中華文明的先祖。歷史上的堯、舜、夏、商、周，都是黃帝的後裔，故稱「軒轅後裔」和「炎黃子孫」。

五帝之炎帝

炎帝是中華民族的始祖之一，相傳他牛頭人身，可能是以牛為圖騰的氏族首領。他與黃帝結盟並逐漸形成了華夏族才有了今天的華夏子孫。

五帝之顓頊

相傳是黃帝之孫，昌意之子。即位後，進行政治改革，曾逼令被黃帝征服的九黎族禁絕巫教，順從黃帝族的教化。促進了族與族之間的融合。

五帝之太皞

相傳他人頭蛇身，或人頭龍身，可能是以蛇或龍為圖騰的氏族首領，居住在陳地（即現在河南淮陽縣）。他應該是淮河流域氏族部落想像中的祖先。

五帝之少皞

傳說是黃帝的後代，居住在山東曲阜一帶。這個部落以鳥為圖騰，可能是由24個氏族合成的一個大的部落。少皞族是黃帝族向東發展的一支。

神農氏和炎帝是同一個人嗎

查看有關神農氏、炎帝的文獻典籍，有的只提到神農，有的將二者合二為一同時提到。這就給後代的歷史學家造成了疑惑：神農氏和炎帝是同一個人嗎？二者有什麼關係？長期以來，學術界形成了觀點截然不同的兩派，一派認為兩者是同一個人，另一派認為，神農氏和炎帝分別是兩個人。並且雙方都能拿出有力的理論依據。

神農氏和炎帝為同一人——

《世本》云：「炎帝，神農也。」、《世本‧帝系篇》云：「炎帝即神農氏，炎帝身號，神農代號。」

三國時期大司空宋仲子曰：「炎帝，神農也。炎帝身號，神農代號。」

漢代思想家王符在《潛夫論》中云：「有神龍首出，常感妊姒，生帝臨魁，身號炎帝，世號神農。」

談到二者的關係，典籍認為炎帝是身號，神農是代號，即神農氏為當時朝代的稱號，而炎帝才是帝具體的稱呼。神農氏和炎帝屬同一人，只是「身分」不同。

神農氏和炎帝分別是兩個人——

古代史書這樣描述神農氏：神農氏統治經歷了七十個世代（一說十七個世代），到黃帝部落崛起的時候才衰落下去了。可見，神農氏並非是對一個君主的稱呼，乃是對某個部落或者部落

的若干代首領的統稱。

　　另外，《史記・五帝本紀》記載：「黃帝者，少典之子，姓公孫，名曰軒轅。生而神靈，弱而能言，幼而徇齊，長而敦敏，成而聰明。軒轅之時，神農氏世衰。諸侯相侵伐，暴虐百姓，而神農氏弗能征。於是軒轅乃習用干戈，以征不享，諸侯咸來賓從。」、「炎帝欲侵陵諸侯，諸侯咸歸軒轅。軒轅乃修德振兵，治五氣，蓺五種，撫萬民，度四方，教熊羆貔貅貙虎，以與炎帝戰於阪泉之野。三戰，然後得其志。」

　　從上面的資料可以看出，黃帝生於神農氏末期，是一個「地方割據」勢力。而炎帝也獨霸一方，他想凌架於諸侯之上，於是和黃帝三戰於阪泉，最後戰敗，後歸服於黃帝，這樣形成了華夏一統的局面。炎帝和黃帝都是神農氏末期的「諸侯」，因此，炎帝和神農氏不是一個人。況且，神農氏是對某個部落或若干個首領的統稱。

　　「公說公有理，婆說婆有理」。哪個觀點能準確說明神農氏與炎帝的關係，將由歷史來定奪。或許某一天，人們能在古籍中或通過考古挖掘揭曉謎底。

夸父追日的寓意

　　「夸父追日」是一個神話故事。描寫的是上古時期，神人夸父追趕太陽，最後被太陽烤死的事情。

　　故事最早見於《山海經·海外北經》：「夸父與日逐走，入日，渴欲得飲。飲於河、渭，河、渭不足；北飲大澤，未至，道渴而死。棄其杖，化為鄧林。」後經列子增補，收集在《列子·湯問》中：「夸父不量力，欲追日影，逐之於隅谷之際，渴欲得飲，赴飲河渭。河渭不足，將走北飲大澤。未至，道渴而死。棄其杖，屍膏肉所侵，生鄧林。鄧林彌廣數千里焉。」

　　《山海經》的記載意在說明「夸父不量力」，而列子《夸父追日》寓意第一句也沿用了這句話，這就使人誤會這篇寓言的寓意是指：做人應量力而行。

　　其實，列子早已體會「夸父追日」這個神話蘊含的積極意義，所以才會對原有故事進行改寫、增補、提高。特別是《山海經·海外北經》所記載的「棄其杖，化為鄧林」，增寫並改寫成「棄其杖，屍膏肉所侵，生鄧林。鄧林彌廣數千里焉。」（拋掉手裡拄著的棍子。這棍子為夸父屍體的油脂和肌肉所侵蝕，長出了一片桃林。這片桃林的覆蓋面積廣達數千里。）

　　雖然夸父追日沒有成功，但它卻給人留下了渴望征服自然的雄偉氣魄，奮不顧身的犧牲精神。幾千年來，夸父不但不是人們批判和嘲笑的對象，而是有志之士敬仰的英雄。

晉朝鄧璞有詩贊曰：「神哉夸父，難以理尋。傾沙逐日，遁形鄧林。」

晉代詩人陶淵明在《讀山海經》中表達了對夸父的敬佩之情！

夸父誕宏志，乃與日競走。
俱至虞淵下，似若無勝負。
神力既殊妙，傾河焉足有！
餘跡寄鄧林，功竟在身後。

另外，關於這篇寓言的寓意，《中國文學》一書中提到：只有重視時間和太陽競走的人，才能走得快；越是走得快的人，才越感到腹中空虛，這樣才能需要並接收更多的水（不妨將水當作知識的象徵）；也只有獲得更多的水，才能和時間競走，才能不致落後於時間。

「夸父追日」的寓意到底是什麼已不重要，重要的是人們能從不同的角度欣賞、解讀這個故事，從而認識世界、收獲美麗的人生。

女媧補天的真相

「女媧補天」一直被認為只是傳說,但是,中國地質學家經過對白洋淀碟形窪地和其群體考察後得出,「女媧補天」確有其事。

地質學家認為,白洋淀地區的地理面貌是由於遠古時代一次隕石雨降落而形成,大約發生在4000年前。根據現場考察,當時的情景可能是:一顆彗星進入地球軌道,在山西北部的上空衝入大氣層並在高空爆炸。瞬間形成規模宏大的隕石雨,降落在從晉北到冀中這一廣大地區。隕石雨降落,致使地面形成大大小小的撞擊坑,後經過雨水的沖刷、河水的流淌以及人們的改造,逐漸形成了今天白洋淀的地理面貌。

地質學家對隕石雨降落地球的場景推測與《淮南子》中記載「女媧補天」的情形相似度達到90%。

《淮南子》對女媧補天的神話是這樣描述的:往古之時,四極廢,九州裂,天不兼覆,地不周載,火濫焱而不滅,水浩洋而不息,猛獸食顓民,鷙鳥攫老弱。於是,女媧煉五色石以補蒼天,斷鰲足以立四極,殺黑龍以濟冀州,積蘆灰以止淫水。蒼天補,四極正;淫水涸,冀州平;狡蟲死,顓民生;背方州,抱圓天。

經過對比,結果一目瞭然:

（1）四極廢,九州裂,天不兼復,地不周載:描繪小型天

體爆炸後形成的大規模隕石雨降落的情景。

（2）火濫炎而不滅：小型天體爆炸後在地面上引起的火災。

（3）水浩洋而不息：假設小型天體是彗星，而彗星成分主要是隕冰。隕冰融化後形成大量的地表水，即出現此結果。

（4）殺黑龍以濟冀州，積蘆灰以止淫水。蒼天補，四極正，淫水固，冀州平，蛟蟲死，顓民生：神化傳說編撰於東漢年間，當時，冀州是古代河北省一帶，也就是說這一段描述了災害平息之後河北平原的景象。

女媧（塑像）

但是，地質學家也不能百分之百地肯定，「女媧補天」就是一次隕石雨降落的自然災害。那麼，女媧補天到底只是個傳說，還是有其他解釋，至今仍是未解之謎。

「八仙」的真實原型

雖然「八仙過海，各顯神通」的故事流傳幾百年，但人們心中始終充滿疑惑：八仙究竟是憑空杜撰出來的人物，還是確有其人？經過學者多年來的研究發現，「八仙」其實是將歷史上的某些人物模擬化，他們有真實原型。

鐵拐李：鐵拐李的原型名字叫李顏二，是唐代惠安的一位道士。傳說有一天，李顏二的母親染上重病，他在給母親煎藥時發現柴火燒到一半就沒有乾柴了，恰好這幾天陰雨連綿，無處拾取乾柴。孝順的李顏二為了給母親治病，情急之下就將腿伸入灶中，代替柴火。等到藥煎好，他的右腿卻跛了。站起來時，他順手從灶中抽出火熱的鐵棍當成拐杖。後來，李顏二出家當了道士。

呂洞賓：眾學者一致認為，呂洞賓出生於唐朝末年，姓呂名岩。宋代羅大經的《鶴林玉露》、洪邁的《夷堅志》及《集仙傳》等書對其身世均有記載，只是說法不同。一說他是京兆人（今陝西、西安一帶），唐咸通中及第，曾當過兩任縣令。一說他是九江人，原為唐宗室，姓李，因避武后之禍，易姓為呂。

張果老：原名「張果」，由於他在八仙中年紀最大，遂被人們尊稱為「張果老」。從文史資料來看，歷史上確有張果其人，但並非真的神仙道士。張果不過是一位有些心虛的老朽江湖術士，充其量不過會些幻術而已。

　　鍾離權：有關鍾離權的記載，約出現在五代、宋初之際。《宣和年譜》、《夷堅志》、《宋史》等書均有他事蹟的記述。他留世的詩題為《題長安酒肆避三絕句》，其中有「坐臥常攜酒一壺，不教雙眼識皇都」、「得道真仙不易逢，幾時歸去願相從」等句，著作有《還丹歌》、《破迷正道歌》等。

　　韓湘子：普遍的說法，韓湘子是唐代著名文學家韓愈的侄子，《唐書‧宰相世系表》、《酉陽雜俎》、《太平廣記》、《仙傳拾遺》等書都有關於他的介紹。又有人稱韓湘子是韓愈姪孫，歷史上韓愈確有一個叫韓湘的姪孫曾官至大理丞。

　　藍採和：其原型本是一江湖流浪漢，僅由於他的行為癲狂又好周濟窮人，因此深得人們喜愛而被神化成仙。

八仙圖

何仙姑：關於何仙姑的真實原型，歷來說法不一。但主流觀點認為，何仙姑又稱何二娘，唐朝人。據《太平廣記》記載，何二娘是位以織鞋為業的農婦，後因嫌家居太悶，遊於羅浮山，在山寺中住下，經常採集山果供眾寺僧充齋。一次，遠在四百里外的循州山寺僧來羅浮山寺，稱某日曾有仙女去彼山採摘楊梅果子。經查實那天正好是二娘採果的日子，再加之大家又不知二娘從何處採來這眾多山果，便認為二娘即為循州山寺採果之仙女，從此二娘遠近聞名，她也借此不再寄居山寺了。

　　曹國舅：《宋史》中有關於曹國舅原型的文字記載：曹佾，字公伯，曹彬之孫，曹皇后的弟弟。他性情和易，通曉音律，喜愛作詩，封濟陽郡王，身歷數朝而一帆風順，年七十二而壽終。曹國舅和宋仁宗的曹皇后有關。因係皇室的外戚，故有「國舅」之稱。

　　八仙是真實的歷史人物，只不過在流傳過程中，人們根據各自的理解，展開想像，賦予他們神的身分，塑造出了這些個性鮮明、性格突出的藝術形象。

「白蛇」的傳說從何而來

　　《白蛇傳》是中國古代四大傳說之一，在民間廣為流傳。最開始以口頭相傳，後來以說書、彈詞、小說、戲劇等多種形式出現。那麼白蛇傳是如何起源的？它的「雛形」是什麼？這一直是白蛇傳說研究中的一個熱門話題。

　　近年來，文學界對白蛇傳的起源有了比較一致的說法，他們認為白蛇形象可以從遠古民族「人首蛇身」的圖騰崇拜中窺見影子。《山海經》、《帝王世紀》、《竹書紀年》等古籍記錄了大量人蛇合體的「人物」形象，如「女媧，古神女而帝者，人面蛇身」，「燧人之世，……生伏羲，……亦人首蛇身。」伏羲氏系統的有所謂長龍氏、潛龍氏、居龍氏、降龍氏、上龍氏、水龍氏、青龍氏、赤龍氏、白龍氏等等，都是一大群龍蛇。可以說，遠古中華民族形成的民俗，為後來的白蛇形象及其傳說奠定了基礎。

　　最早的白蛇傳說雛形見於唐人谷神子的《博物志》。文中描寫的是唐憲宗元和二年，陝西李黃在長安市東遇見一個身穿白色孝服的少婦，不禁為其美貌所迷惑。後來，李黃接受少婦「邀請」，在她家裡「一住三日，飲樂無所不至。」第四天回家，李黃覺得「身重頭旋」，遂臥床不起，身子逐漸銷蝕，最後只剩下一股血水。李黃家人來到少婦家，希望問個明白，但只見一座空園和一棵皂莢樹。聽鄰居說，樹中常有大白蛇盤踞。此時，李家人才知道少婦為「蛇妖」所變。

　　唐宋時期，市井間流傳的白蛇故事內容均極其相似：女人為蛇精，男人被蛇精迷惑，最後喪失性命。然而白蛇傳故事發生質的變化，應屬明朝天啟年間，馮夢龍編的《警世通言》中的《白娘子永鎮雷峰塔》。文中講述的是南宋紹興年間，南廊閣子庫官員李仁內弟許宣做一藥鋪主管，一日祭祖回來，在雨中渡船上遇到一自稱為白三班白殿直之妹及張氏遺孀的婦人。經過了借傘還傘後，此女要與許宣結為夫婦，又叫丫鬟小青贈銀十兩。殊不知，此銀為官府庫銀，被發現後，許宣被發配蘇州。在蘇州與白娘子相遇而結婚，後又因白娘子盜物累及許宣，再次發配至鎮江。許宣又與其鎮江相遇復合，而法海作梗，扣留許宣，使白娘子索夫不成。許宣得知白娘子為蛇妖後，驚恐萬分，要法海收他做徒弟。許宣修煉成功後，修塔鎮住白娘子，留警世之言後坐化。

　　與之前的白蛇傳說相比，馮夢龍的《白娘子永鎮雷峰塔》首先在人物形象上發生了變化：白蛇不再是蛇妖，而是一個對愛情忠貞、令人同情的婦女形象。她溫柔善良、善解人意，尤其是扶貧積弱的美德為人所稱道。而許宣仍是個貪生怕死的「丈夫」。其次故事的內容也發生了變異，此時是許宣親自作法修塔鎮住白娘子，而以前的故事只不過由道士作法將白蛇打回原形。最後本書還出現了另外兩個人物，小青和法海。總之，白蛇傳故事的人物基本出現。

　　可以說，日後的白蛇傳說都可以看作是對《白娘子永鎮雷峰塔》的補充，大致的情節並沒有變化，只是加入了更多對白娘子的形象刻畫與同情，在內容上加入了端午、水鬥、斷橋等情節，使白娘子的形象更為豐滿、動人。此時白娘子終於有了自己的名字：白素貞。經過後人不斷地「添油加醋」，故事主題更多地體現了人們愛憎分明、樸素的是非觀。

「牛郎織女」的傳說從何而來

　　「牛郎織女」是我國傳說中最美麗動人的故事之一，雖然目前尚不清楚其產生的確切年代，但有關「牛郎」「織女」兩詞的出現，應追溯到《詩經》中的《大東》篇。在這首詩中，織女、牽牛只是天上兩個星座的名稱，它們之間並沒有什麼關係。

　　牛郎、織女最早被稱為夫婦的作品，應屬南北朝時期梁代的蕭統編纂的《文選》，其中有一篇《洛神賦》的注釋中說：「牽牛為夫、織女為婦，織女牽牛之星各處河鼓之旁，七月七日乃得一會。」這時「牛郎織女」的故事和七夕相會的情節，已經略顯雛形了。

　　關於牛郎織女的傳說，歷來有不同版本。

　　一種說法是織女與牛郎同是神仙，但織女嫁後廢織，因而受到天帝的懲罰。另一說法為牛郎織女分開生活，由於無錢還債而受罰。《太平御覽》卷三十一引《緯書》云：「牽牛星荊州呼為河鼓，主關梁織女星，主瓜果。」嘗見道書云：「牽牛娶織女，取天帝錢二萬，備禮，久而未還被驅在營室是也。」

　　原來天帝逼他們還結婚時欠下的債，因牛郎織女無力償還，結果遭受懲戒。而流傳最廣的版本莫過於下面這個，即人神之戀。

　　牛郎自從父母死後，一直寄居在哥嫂家裡，經常受到哥嫂的虐待。他每天天未亮就起床，到田間耕作，一天到晚只有一頭老

織女

098

牛相伴。有一天，一向默不作聲的老牛突然說話了，牠給他出了個主意，要他娶織女為妻。

那天晚上，老牛帶著牛郎來到河邊，美麗的仙女們正在河裡沐浴，並在水中嬉戲。

這時，藏在蘆葦中的牛郎聽了老牛的話，跑出來拿走了織女的衣裳。驚慌失措的仙女們急忙上岸穿好衣裳飛走了，唯獨剩下了織女。在牛郎的懇求下，織女答應了做他的妻子。

成親以後，牛郎和織女男耕女織，相親相愛，生活得十分幸福美滿。織女還給牛郎生了一兒一女。

幾年之後，老牛死去了，牠臨死的時候，叮囑牛郎一定要把牠的皮留下來，到急難時披上以求幫助。老牛死後，夫妻倆忍痛剝下牛皮，把牛埋在山坡上。

織女私自下凡與牛郎成親的事情被王母娘娘和玉皇大帝知道了，他們勃然大怒，派了法力高強的眾仙下界捉拿織女回天庭問罪。天神趁牛郎不在家的時候抓走了織女。牛郎回家不見織女，急忙披上牛皮，擔了兩個小孩追去。王母娘娘見牛郎快追上來了，忙拔了金簪一劃，牛郎的前面頓時出現了一條天河，再也過不去了。從此，牛郎織女天各一方。

織女眼見牛郎在天河的對岸卻不能相聚，心中悲痛不已，每天淚眼盈盈。時間長了，玉皇大帝和王母娘娘也被他們之間的真

摯情感所感動，就准許他們每年七月七日相會一次。

相傳，每年的七月初七，喜鵲都會飛到天上，用翅膀搭成一座天橋，讓牛郎和織女跨過天河相會。這就是民間廣泛流傳的「鵲橋會」。

牛郎織女的愛情故事深深感動著歷代詩人，並為他們進行詩詞創作提供了很好的素材。例如漢代《古詩十九首》中《迢迢牽牛星》寫道：「迢迢牽牛星，皎皎河漢女。纖纖擢素手，札札弄機杼；終日不成章，泣涕零如雨。河漢清且淺，相去復幾許？盈盈一水間，脈脈不得語。」

北宋詞人秦觀的《鵲橋仙》：「纖雲弄巧，飛星傳恨，銀漢迢迢暗度。金風玉露一相逢，便勝卻人間無數。柔情似水，佳期如夢。忍顧鵲橋歸路！兩情若是久長時，又豈在朝朝暮暮！」

而至今，牛郎織女仍然是曠男怨女或相隔兩地見面不易的情人的「代名詞」哩！

《河圖》、《洛書》是上古的無字天書嗎

　　《河圖》、《洛書》來自上古時代有關數字排列之圖案，因其只有圖案而無文字，故被人稱為「無字天書」。

　　相傳六、七千年前，龍馬躍出黃河，身負河圖；神龜浮出洛水，背呈洛書。伏羲根據河圖、洛書繪製了八卦。後來大禹治水之時，河伯獻河圖，宓妃獻洛書，使大禹終於戰勝了洪水。大禹依河圖、洛書劃定天下為九州。從那時起，人們就以河出圖、洛出書來表示太平時代祥瑞的出現。大禹根據河圖、洛書制定的治理社會之「九章大法」，還被收入《尚書》中，名曰《洪範》。

　　宋朝以前，《河圖》與《洛書》的記述只有文字記載，一直到五代宋初著名道家學者陳摶，才創製了「龍圖易」。他融合了漢朝至唐朝的九宮學說以及五行生成數的理論，提出一個圖式，命名之龍圖，即河圖。

　　後來，北宋的劉牧將陳摶的龍圖分為「河圖」、「洛書」兩種圖式：將九宮圖稱為「河圖」，五行生成圖稱為「洛書」。南宋著名堪輿學家蔡元定認為劉牧將河圖與洛書顛倒了，反將九宮圖稱為「洛書」，五行生成圖稱為「河圖」。南宋大學者朱熹肯定蔡元定的說法，並載其圖於《周易本義》卷首。自此，「書九圖十」成為南宋以來的通用理論。

中外學者經過長期研究，認為《河圖》《洛書》是中國文化發展的起源，中華文明的源頭，被譽為「宇宙魔術方塊」。既然《河圖》《洛書》如此神奇，那麼，它們具有哪些內容？

《河圖》

河圖中有10個數，1、3、5、7、9為陽，2、4、6、8、10為陰。陽數相加為25，陰數相加為30，陰陽相加共為55，所以古人說：「天地之數五十有五」。這證明，河圖中已經有了奇數與偶數的概念。

河圖以十數合五方，演五行，推陰陽，顯天地之象。如圖所示，河圖如下：

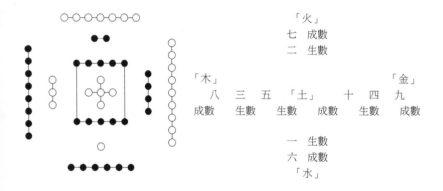

		「火」		
		七 成數		
		二 生數		

「木」			「土」		「金」
八 三	五	「土」	十 四	九
成數 生數	生數		成數 生數	成數

	一 生數	
	六 成數	
	「水」	

河圖及數字示意圖

圖中白點為陽，意思表示天，為奇數；黑點為陰，表示地，為偶數。

口訣：一與六共宗居北方，因天一生水，地六成之；二與七為朋居南方，因地二生炎，天七成之；三與八為友居東方，因天

三生木，地八成之；四與九同道居西方，因地四生金，天九成之；五與十相守，居中央，因天五生土，地十成之。

　　天地、五方、陰陽、五行全在河圖之中。

《洛書》

　　洛書，即是人們熟知的九宮，它由1～9數列排列而成，橫，

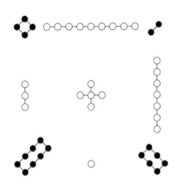

4 東南	9 南方	2 西南
3 東方	5 中宮	7 西方
8 東北	1 北方	6 西北

洛書及數字示意圖

竪，斜三個數相加和都是15。

　　口訣：二四為肩，六八為足，戴九履一，右三左七。

　　由《河圖》《洛陽》所衍生的陰陽五行、八卦及九宮格等概念，是後來所有命理工具的基礎。無論是五行、八卦、紫微斗數、干支、奇門遁甲，還是風水、面相，都是從這些觀念延伸而來的。

五千年前就有開顱手術嗎

2001年的一天，考古人員在整理從大汶口文化遺址發掘出土的人骨標本時，意外發現這個頭骨頂部靠後的位置，有個直徑約30毫米近圓形的缺口。經國內知名專家學者近年來的研究論證，認定該顱骨的近圓形缺損應係人工開顱手術所致。據了解，這是中國目前所見最早的開顱手術成功實例，距今約5000多年。

開顱手術這種在今天看來也是風險系數很高的手術，中國人為何卻在5000年前就已經開始應用呢？考古學家認為對於古代人施行這種危險手術的動機可能有以下幾點：一是為了獲得活人或者死人頭骨上的圓盤狀物作為驅邪品；二是為頭骨受創尤其是在頭骨骨折時的一種外科治療；三是為治療頭痛、癲癇、白痴、癲狂及其他疾病而施行藥物治療的外科手術程序；四是認為對頭部施行這種外科手術，有助於長壽或者是時髦。

而對頭骨進行了綜合研究的山東大學齊魯醫院神經外科教授鮑修風認為，墓葬墓主開顱動手術有幾種原因：顱骨受過外傷；顱內產生腫瘤等病變；古代有開顱治眼盲的說法；或者是治療癲癇等神經方面的疾病。

在頭骨缺口邊緣的斷面呈光滑均勻的圓弧狀。對此，中國科學院院士、中國科學院古脊椎動物與古人類研究所研究員吳新智解釋說：「這種開口邊緣的圓弧狀屬自然修復，只有在十分精細的修飾和骨組織修復後才能形成，表明該墓主在手術後依然存活

了很長一段時間。」

　　眾所周知，做手術還需要準備很多工具，例如麻醉劑、止血紗布等。難道說「5000年前的醫生就會做麻醉手術了？」、「難道說古人就能掌握消毒、止血、抗感染、縫合的技術？」而且根據《三國志》記載，華佗2000年前使用麻沸散輔助實施開顱手術，已經是世界上最先進的醫學技術了！

　　更令人感到疑惑的是，「古人又是如何打開顱腔的呢？顱骨的硬度非常大，一般石頭是無能為力的。如果他們用硬度最高的金剛石來打開堅硬的顱腔，至少也需用幾個小時的磨刮時間啊。」雖然當地也發現了大量新石器時代的雕刻石具和手工藝品，但也都無法確定開顱所使用的器具。

　　至於5000年前的開顱手術如何進行，為什麼要做這項手術，至今仍是個謎。也許日後的考古發現能揭曉答案。

中國最早的「文字」之謎

以安陽甲骨文為代表的殷墟的發現，曾被認為是20世紀最重要的考古發現。殷墟甲骨文也被認為是「中國發現的最早的文字」，並且使中國與以紙草、泥板、石板為文字載體的古埃及、古巴比倫和古印度並列為世界文明古國。

那麼，甲骨文真的是我國最早的文字？在甲骨文以前，我國還有沒有文字？

從史書記載來看，《荀子》《呂氏春秋》《韓非子》《世本》都記載有倉頡造字的傳說。許慎的《說文》序把《繫辭傳》的說法和倉頡的傳說結合起來，說：「及神農氏結繩為治而統其事，庶業其繁，飾偽萌生。黃帝之史倉頡見鳥獸蹄䢒之跡，知分理之可相別異也，初造書契，百工以乂，萬品以察。」

黃帝的時代大約在公元前兩千五、六百年，甲骨文最早的不超過公元前1300年。從考古材料來看，在甲骨文以前，我國境內已有很多尚未成熟的文字符號出現。

在山東省昌樂縣發現的一種神祕骨刻圖案引起考古界的關注，經過有關專家研究表明，這種文字可能要比殷墟甲骨文早1000年左右。

2004年的一天，山東省昌樂縣民間收藏愛好者肖廣德在龍山文化遺址上蒐集文物時，偶然從當地農民翻過的土地裡找到一塊牛肩胛骨。當他把這塊牛肩胛骨帶回家清洗後，意外發現骨上竟

刻有圖案，這一發現讓肖廣德驚喜不已。於是從2004年到2007年3年間，他先後數次來到昌樂縣袁家莊等龍山文化遺址，蒐集帶有圖案的獸骨多達100多塊。

2007年7月，肖廣德帶著7塊獸骨找到了山東大學美術考古研究所所長劉鳳君教授。憑藉多年的專業研究鑒定經驗，劉鳳君意識到這批資料非常重要。於是他邀請中國殷商文化學會會長王宇信教授、山東省甲骨文國際交流中心理事長李來付教授、淄博文物局副局長張光明教授等5位專家來昌樂對獸骨進行鑒定。

2008年7月30日，在觀看了大量的骨刻文字照片和實物之後，專家們進行了一次較深入的座談研討會，與會專家一致同意劉鳳君教授的鑒定意見，認為這批文字是比安陽甲骨文更早的一種原始文字。究其原因，這些文字與甲骨文不同，它們均是由一個主筆加上補筆組成，類似畫畫。多數字符像人物、動物和植物的象形符號，佈局和結構亦有規律可循，有些部首反覆出現，而且都是用線刻在牛骨、象骨上，應該是一種圖形文字。

雖然目前尚不能破譯獸骨上的圖案，但「昌樂骨刻文」的發現，證明中國早在4000多年前就有了作為文明標誌的文字，把現有認知的中華民族文字史提早了1000年左右，對於中國文明史有重大意義。同時，「昌樂骨刻文」將是中國發現的最早的文字形式之一。所以說，甲骨文只能說是我國最古老的比較成熟的文字，不能說是我國最早的文字。

「姓名」從何而來

　　何為姓名？《新華字典》解釋說：姓名是指「姓+名字」。但在我國古代，並非一開始就存在「姓名」，而是先有姓與氏，後有名、字。經過漫長的歷史演變，它們才發展成今天人們所慣用的「姓名」。

1.「姓」的由來

　　姓的起源可以追溯到人類原始社會的母系氏族時期。姓是作為區分氏族的特點標誌符號。

　　那時的母系社會，只知有母親，不知有父親。據考古資料表明，西周銅器銘文中，可以明確考定的姓不到30個，但大多都從女旁，如姜、姚、姒、姬、嬀、妊、好等等。不僅古姓多與「女」字相關，就連「姓」這個字本身也從女旁，可見，我們祖先經歷過母系氏族公社的痕跡。隨著社會生產力的發展，母系氏族制度過渡到父系氏族制度，姓改為從父。

2.「氏」的由來

　　隨著人口不斷增長，某個氏族發展到一定程度就會發生分解。於是，由「姓」衍生出一系列分支，這就是「氏」。在父系氏族公社時期，姓、氏則為父系氏族或部落的標誌。

　　進入階級社會以後，氏只有貴族才有，因為氏是辨別貴賤而

為貴族獨有的標誌。命名之法主要有：諸侯以受封的國名為氏，卿大夫以所賜的採邑為氏，有的以官職為氏，有的以居住地為氏。

後來，隨著氏族、部落的消亡，氏也就消亡了。春秋戰國時期，產生了無數個氏，也消亡了無數個氏，然而姓基本不變。

秦朝統一全國後，姓和氏逐漸合二為一。雖然稍有區別，但可忽略不計。到了漢代，姓和氏完全沒有區別。

究其二者融合的根本原因，是郡縣制裂土分封制取消了世襲封土，也沒有公、侯、伯、子、男等爵位。原來分氏的基礎沒有了，氏所代表貴賤的意義消失了，所以與姓融合了。

3.「名」的由來

《禮記·檀弓》中記載：「幼名，冠字。」

《禮記·冠義》中記載：「已冠而字之，成人之道也。」

唐朝經濟學家孔穎達說：「始生三月而加名，故云幼名；年二十有為父之道，朋友等類不可復呼其名，故冠而加字。」

綜上所述，可知在古代，名是一個人成年以前的稱呼，其使用範圍較小，多局限在家裡，供父母、親朋好友稱呼。

關於起名，我國早年有個傳統習俗，即嬰兒在百日那天由父親取名。百日時，母親和保姆抱著孩子到廳堂見他的父親，父親握住孩子的手，給他取名。取完名以後，母親和保姆把孩子抱回臥室，然後將孩子的名字通告各位親戚，父親則立即告訴好友，並通報給地方長官，入籍登記。

命名是孩子一生中的第一件大事，所以命名儀式非常隆重。雖然這種習俗不再存在於現代社會裡，但給孩子過「百歲」的風俗依然流傳著。

4.「字」的由來

　　古代時期，人們在祭祀神靈和祖先時，為了表示恭敬，不敢直接稱呼祖先的名，於是，「字」產生了。可以說，「字」具有雙重作用：一出於避諱，二尊敬長輩。

　　一個人成年之前要稱「名」，成年之後便稱「字」。與「名」的使用範圍相反，「字」是在社會生活這個公共領域的大範圍內使用的。稱呼的變化也是一個人社會身分變化的重要標誌。成年後，人們必須以「字」相稱，如果稱「名」便是一種不敬的行為。

「青樓」原指帝王居

人們說起青樓一詞，十之八、九都會想到妓院。

其實，「青樓」被當作妓院的代名詞是唐宋以後的事了。

在我國許多古典文學作品中，都將妓院稱為青樓、將淪落風塵的妓女稱為青樓女子。其實，這是一種誤傳。近來有學者研究發現，原來「青樓」最早是指帝王的住所。

據《南齊書·東昏侯紀》載：「世祖（齊武帝）興光樓，上施青漆，也謂之青樓。」清代袁枚根據這段記載，在《隨園詩話》中說：「齊武帝於興光樓上施青漆，謂之青樓」，並指出：「今以妓院為青樓，實是誤也。」可見，青樓原先是帝王之居。

在漢魏時期，青樓一詞應是褒義，原意應為「青漆粉飾之樓」，僅僅是比較華麗的屋宇，有時甚至作為豪門之家的代稱。正因為此，三國時曹植有詩曰：「青樓臨大路，高門結重關」，唐駱賓王也曾有「大道青樓十二重」的詩句，原來都是稱譽帝王所住宮廷樓閣之富麗華貴。

或許是「華麗的屋宇」與艷麗奢華的生活有些關係，所以不知不覺間，青樓的意思發生了偏指，開始與娼妓發生關聯。

最早稱妓院為青樓則出自南梁劉邈的《萬山採桑人》一詩，其中有「娼女不勝愁，結束下青樓」的句子。此後的文人墨客們便以訛傳訛，皆稱妓院為「青樓」了。

唐以後，青樓的偏指之意則成了專指，專指煙花之地。元代

有一本記載妓女生平事蹟的書，便叫《青樓集》。明代有一本《青樓韻語》，清代有一本《青樓夢》。

實際上現代所認為的青樓風光，有詳細記載的可從唐朝算起。唐代都城長安最著名的「紅燈區」位於平康里，因為靠近北門，也稱為北里，後世因而把平康、北里作為青樓的代稱。

比之長安，揚州的青樓風光更加旖旎多情，杜牧等許多詩人都曾為此作過詩句。那時青樓的規模都不大，多數是一個老鴇領著兩個妓女和丫鬟。青樓中的妓女一般是藝妓，也有色藝雙絕，兩種服務都提供的。但無論如何，吟詩誦詞、彈琴唱曲仍是最主要的節目。

到了宋朝，青樓規模有所擴展。孟元老在《東京夢華錄》中記載，汴梁城裡的娛樂場——瓦子，共有8座。周密的《武林舊事》記載臨安城裡達33座。青樓的設備也開始競相奢華。意大利旅行家馬可‧波羅也記載了元朝杭州的青樓風光。

明代最有名的妓院就是秦淮河畔的「十六樓」。然而此時，青樓風光已經頗有一些不美、不雅的景象。出現了不少赤裸裸肉體交易的「私窠子」與「窯子」。

到了清朝，青樓已成了完全的私妓的天下，妓女們不再努力提高自己的藝術修養，北京的「八大胡同」就代表著傳統青樓的日漸沒落。而南方的上海和廣州，則開始出現西方式的或中西混血的青樓現象。

《孫子兵法》作者是誰

　　《孫子兵法》是中國歷史上一部經典的、影響深遠的軍事著作，在北宋朝廷作為官書頒行的兵法叢書《武經七書》中被排列首位。書中充滿了很多睿智的戰略思想。

　　據說滑鐵盧失敗後，拿破崙看見《孫子兵法》，後悔沒有早點閱讀，或許能免遭失敗。然而《孫子兵法》的作者是誰，到底是不是吳國將軍孫武，這個問題一直困擾著歷史學家。

　　古籍《商君書》《韓非子》都提到「孫吳之書」是指《孫子兵法》和《吳子兵法》，但沒有說明其作者就是孫武。直到《史記》問世，司馬遷才明確提出《孫子兵法》為孫武所著。

　　《史記》記載：「孫子武者，齊人也，以兵法見吳王闔閭。闔閭曰：子之十三篇吾盡觀之矣。」通過描述可知，《孫子兵法》成書於專諸刺吳王僚之後至闔閭三年孫武見吳王之間，也即公元前515至前512年，全書為十三篇，是孫武初次見面贈送給吳王的見面禮。

　　由於司馬遷寫作嚴謹，後世對「《孫子兵法》為孫武所著」深信不疑。但是宋代學者陳振孫、葉適提出質疑：《孫子兵法》真是孫武撰著的嗎？歷史上是否真有孫武其人？清人姚際恆亦贊同其說，認為《孫子兵法》為偽書。

　　然而《漢書·藝文志》載古兵法有《臏孫子》（孫臏）和《吳孫子》（孫武），區別清楚，本為兩人，實無可疑。

明代宋濂的《諸子辨》、清代的《四庫全書總目》等著作認為：太史公是嚴肅認真的史家，其記事立言翔實可靠，本傳中所敘孫武、孫臏事明明白白。

史學界還存有一種意見，認為

孫子兵法

《孫子兵法》是由孫武與其門徒們共同撰著的。這與《論語》的創作如出一轍。即孫武講學授徒，傳授軍事學術，其門徒耳受筆錄，世代相傳，最後在春秋戰國期間逐漸地形成了這部豐富的、有比較完整的體系的兵法著作。

《孫子兵法》的作者究竟是誰？這個謎題至今無人解答。

《詩經》是孔子刪詩而成的嗎

　　《詩經》是我國第一部詩歌總集，共收入自西周初期至春秋中葉約500年間的詩歌305五篇，所以又稱《詩三百》。它開創了我國古代詩歌創作的現實主義的優秀傳統。由於《詩經》年代已久，關於其內容歷代有「孔子刪詩」之說，又有質疑和反對「孔子刪詩」之說。

　　「孔子刪詩」這種說法最早起源於漢代。《史記·孔子世家》載：「古者詩三千餘篇，及至孔子；去其重，取可施於禮義，……三百零五篇，孔子皆弦歌之，以求合翻武雅頌之音。」《漢書·藝文志》說：「孔子純取周詩。上採殷，下取魯，凡三百零五篇。」這些文獻都認為《詩經》是由孔子選定篇目的。

　　支持此論點的史學家認為：

　　（1）司馬遷身處漢代，離春秋戰國不遠，其所依據的資料自然比後人多，也更加可靠。

　　（2）古時候大小國家近兩千，即使一國獻一詩，也有上千首。而現存的《國風》，有的經歷十個、二十個國君才採錄一首，可見古詩本來很多。孔子從前人已收錄的多篇詩中選取三百零五篇編為集子，作為教科書是十分可信的。

　　（3）所謂刪詩並不一定全篇都刪掉，或者是刪掉篇中的某些章節，或者是刪掉章節中的某些句子，或者是刪掉句中的某些字。我們對照書傳中所引的，《詩經》中有全篇未錄的，也有錄

而章句不用的，可見這種情況與刪《詩經》相吻合。

但是，持異議者提出一些反駁的理由：

（1）周代各諸侯國之間邦交往來，常常賦《詩》言志。如《左傳·定公四年》載，吳攻楚，楚敗幾亡，楚將申包胥到秦國朝廷請求援兵，痛哭七日七夜，秦哀公深為感動，賦《詩經·無衣》，表示決心相救，恢復楚國。如果當時《詩經》沒有統一的篇目，賦《詩》言志就無法進行。

（2）《論語》記孔子說：「吾自衛返魯，然後樂正，雅頌各得其所。」孔子在自衛國返回魯國之後，時年近七十。在此之前，他均稱《詩三百》，可見在孔子中青年時期，《詩經》已為三百篇。

（3）《詩經》中有不少「淫詩」，這些不符合孔子禮樂仁政思想的詩，為什麼沒有被刪掉？

《詩經》是否為孔子所刪詩而成？或許，孔子只是對已經散亂的《詩經》進行整理，用它來教育學生。也許某一天，文學界會給我們正確答案。

孔子著《春秋》之謎

迄今為止，《春秋》是我國最早的一部編年史，記載了從魯隱公元年（公元前722年）到魯哀公十四年（公元前481年）的歷史事件。幾千年來它一直受到學者的重視，在中國史學史、經濟史、文化史上佔有重要地位。但是，《春秋》的作者是誰？真是孔子所作？人們對此有不同的看法。

一種觀點認為，孔子著《春秋》。

周遊列國的孔子，晚年回到魯國集中力量把古代相傳下來的文獻加以整理，參考了大量各國的史書，著手編寫了歷史著作《春秋》。支持此觀點的孟子在《孟子·滕文公下》中直接指出孔子作《春秋》的目的：「孔子懼作《春秋》。……孔子成《春秋》而亂臣賊子懼！」

春秋時期，諸侯割據爭霸，禮法遭到踐踏，例如臣弒其君、子弒其父。向來注重禮儀的孔子，希望靠《春秋》以正名分，給諸侯、大夫以嚴正的褒貶，從心理上來鉗制他們，以安定天下的秩序，恢復周的政治權力。

另外，孔子曾對自己作《春秋》一事說：「知我者其惟春秋乎！罪我者其惟春秋乎！」（後人知道我孔丘的，將因為這部《春秋》；後人責罵我孔丘的，也將因為這部《春秋》）如果孔子沒有寫《春秋》，就不會有如此強烈的責任感。

另一種觀點認為，《春秋》並非孔子所著。

　　支持此觀點的人指出，《春秋》諸多地方筆調不一致，風格不統一，應是多人所作，極有可能是魯國各個時期的史官撰寫而成。此外，以《論語》為例，《論語》載孔子的生平言行甚詳，其中論《詩經》的最多，但對《春秋》一字未提。

　　還有一種觀點認為，孔子只是對《春秋》進行整理。

　　《史記·孔子世家》記載：「子曰：『弗乎弗乎』。君子病沒世而名不稱焉。吾道不行矣，吾何以自見後於世哉？乃因史記作《春秋》。上至隱公，下訖哀公十四年，十二公。」

　　司馬遷認為，孔子是根據魯國和周王室以及其他諸侯國的史官的記載略加修改，編輯成《春秋》。

　　孔子是否著《春秋》？《春秋》的作者到底是誰？至今仍是謎。但不管怎樣，都不會削弱孔子作為文化偉人的地位和《春秋》作為古籍的不可估量的研究價值。

孔子墓墓名的由來

　　孔子曾被封為「大成至聖文宣王」，孔子葬地稱陵完全是有
資格的，為何卻稱為「孔林」呢？這要追溯到原始的葬人制度。

　　在原始社會初期並不存在喪葬事宜，人自然而然地生，自然
而然地死，有的隨意掩埋，有的只是聽之自朽，既不封土，也不
植樹。直到春秋時代晚期，才出現了墳丘形式的墓葬，據《禮
記・檀弓上》載：孔子的父親叔梁紇、母親顏徵在去世後，孔子
將父母合葬在防（今山東曲阜縣城東7.5公里防山之北）的時
候，曾對弟子們說：「古也墓而不墳」（無高土隆起）。

　　由於孔子常年率弟子周遊列國，為了回到故鄉拜祭父母時能
找到墓地，於是孔子「封之，崇四尺」（築了四尺高的墳丘）。
據現有文獻來看，孔子是有明確記載的封土為墳的第一人。

　　孔子死後，弟子們為他選擇什麼樣的墓式煞費苦心。子夏回
憶道：從前孔子講過，看到幾種不同式樣的墳墓：有的四方而
高，像建築的高堂一樣；有的狹長而高，像「坊」一樣；還有的
四方廣闊而兩旁向上尖削，如同斧的刃部一樣，這種形式又像馬
鬣（馬頸上的一排剛毛），叫做「馬鬣封」。孔子贊成後一種。
於是，孔子墓的「馬鬣封」的制式得以確立，成為封建社會一種
特別尊貴的築墓形式，影響很廣。

　　也許弟子們出於對老師的尊敬，或是擔心日後找不到老師的
墓地，故不約而同地帶著樹種來到孔子葬地，圍繞著墓地種植下

樹木，作為老師墓地的標誌。

　　與此同時，不少弟子還為老師守墓。比如孔子的得意門生子貢，是春秋時期了不起的外交家和富商。他在老師墓前蓋了一座茅屋，為老師守墓六年。

　　東漢桓帝時，朝廷以官方名義修了孔子墓。此後歷代帝王不斷賜給祭田、墓田，重修和擴建，才形成了現在的古木參天、遮天蔽日的孔林規模。

象棋的由來和發展

　　中國象棋具有悠久的歷史。戰國時期，已經有了關於象棋的正式記載，如：《楚辭·招魂》中有「蔑蔽象棋，有六簿些；分曹並進，遒相迫些；成梟而牟，呼五白些。」

　　最早的象棋，棋制由棋、箸、局等三種器具組成。行棋兩方，每方六子，分別為：梟、盧、雉、犢、塞，塞有二枚。棋子是用象牙雕刻的。下棋之前，雙方先要投箸，以決定先後。局，是一種方形的棋盤。比賽時，「投六箸，行六棋」，鬥巧鬥智，相互進攻逼迫，而制對方於死地。春秋戰國時的兵制，以五人為伍，設伍長一人，共六人。由此可見，實際上早期的象棋，象徵了戰鬥，是模擬戰爭的一種遊戲。

　　三國之後，象棋的形制不斷地變化。唐代的象棋形制，和早期的國際象棋頗多相似之處。經過近百年的實踐，象棋於北宋末定型成近代模式。這種模式下有棋子32枚，棋盤上有河界，將在九宮之中等等。到了南宋時期，象棋已經家喻戶曉，一時間成為流行極為廣泛的棋藝活動。

　　象棋各子有其固定的走法，比如馬走「日」字，相飛「田」型，「帥」和「士」只能在九宮走。「炮」隔子可以吃對方子，卒子過河不回頭。當然還有其他規定，比如誰可以過河，誰不能過河，基於這些基本的走法，象棋的變化才生出無數，把它益智的魅力全部展現出來了。

象棋在元明清時期，繼續在民間流行，技術水平不斷得以提高，出現了多部總結性的理論專著，其中最為重要的有《夢入神機》、《金鵬十八變》、《桔中祕》、《適情雅趣》、《梅花譜》、《竹香齋象棋譜》等。

楊慎、唐寅、郎英、羅頎、袁枚等文人學者都愛好下棋，大批著名棋手的湧現……直到今天，象棋仍然受到社會各階層民眾的喜愛。

小篆是什麼時候出現的

春秋戰國時期，陶文、帛書、簡書等民間文字存在著差異。這種狀況導致各地經濟、文化交流困難，中央政府的政策法令也難以有效推行。

秦朝一統之後，秦始皇下令命李斯等人著手文字統一的工作，「罷其不與秦文合者」，這次改革史稱「書同文」改革。李斯以戰國時候秦人通用的大篆為基礎，吸取齊魯等地通行的蝌蚪文的優點，創造出一種新文字，稱為「秦篆」，又稱「小篆」，以與「大篆」區別。

小篆一直在中國流行到西漢末年，才逐漸被隸書所取代。

與大篆相比，小篆在用筆上變遲重收斂、粗細不勻的線條變化，講究上密下疏、婉通圓轉。小篆的筆劃較細，所以也有「玉箸篆」之稱；在字形上呈長方形，結構往往有左右對稱的現象，給人挺拔秀麗的感覺。

秦代小篆文字資料流傳下來的有泰山刻石、琅琊刻石、嶧山刻石、會稽刻石等，以及無數秦量、秦權、詔版等。其中，最被推崇的是秦代李斯的小篆碑，此碑歷來被視為書法藝術的珍品，其遒勁若虯龍飛動，其清秀如出水芙蓉，舉世矚目，堪稱瑰寶。據說，此碑是秦朝丞相李斯奉始皇之命所刻，為其歌功頌德，特立於岱頂玉女池上。

中國文字發展到小篆階段，逐漸開始定型（輪廓、筆劃、結

構定型），象形意味削弱，使文字更加符號化，減少了書寫和閱讀時的混淆和困難。這也是我國歷史上第一次運用行政手段大規模地規範文字的產物。

統一和簡化文字，是對我國古代文字發展演變的一次總結，不但基本上消滅了各地文字異形的現象，也使古文字體異眾多的情況有了很大的改變，在中國文字發展史上有著重要的角色。

《史記》為何被稱為
「史家之絕唱，無韻之離騷」

　　著名學者季羨林老先生說，《史記》是中國第一部通史，但此書的真正意義不在史而在文。司馬遷說：「詬莫大於宮刑」。他滿腔孤憤，譜寫出文字之歌，遂成《史記》。時至今日，那最不可一世的漢武帝，只留得「西風殘照，漢家陵闕」，而《史記》則「光芒萬丈長」。

　　柏楊先生在《中國人史綱》中說，《史記》以簡練的中國古文寫出五十二萬字巨書，成為中國史籍的珍寶。而且這種體裁，從此被史學家奉為圭臬，中國所謂「正史」，兩千年來都跳不出司馬遷所創立下的範疇。

　　確實，《史記》被稱為中國第一部「正史」。自此以後，歷代的「正史」修葺從未斷絕，匯成一條文字記載的歷史長河，堪稱世界史學史上的奇蹟。但是，《史記》的情況同後代正史又有很大不同。《史記》以後的各朝各代正史，除極個別的例外，都是由朝廷主持、按照君主的意識形態修撰的，是名副其實的官史。而司馬遷雖然是朝廷的史官，但《史記》卻獨辟蹊徑，並不體現最高統治者的意志。它是古代第一部由個人獨立完成的，具有完整理論體系的著作。

　　我們注意到，在君主沒有確立個人絕對權威前，最高統治者

的權力在某種程度上受到整個社會集團的制約。在這種大背景下，史官不僅享有較高的社會地位，而且有「秉筆直書」的權利與義務。司馬遷的祖上世代為史官，他是知道這點的，但漢武帝加強個人權力，在司馬遷的時代，史官已經跌落到「主上所戲弄，倡優蓄之」的地位，但他有意識地繼承了古老的史官傳統，並不想把自己的筆變成為君主唱贊歌的工具。

另外有一點也很重要，那就是司馬遷對孔子有一種特殊的崇拜。他並不是完全服膺孔子的學說，對當代的儒士更鄙視有加，是他跳出了腐朽儒家的怪圈，他依舊欽佩孔子的人格，尤其是孔子以普通士人的身分，而有為天下確立文化準則的宏大理想。

司馬遷把自己寫作《史記》的工作視為孔子修《春秋》事業的繼承，這就在精神上自居於很高的地位。擴大地說，這也是繼承了先秦諸子的理性態度和批判精神。

漢朝時代賦予司馬遷以宏大的視野與全面總結歷史形態的重大任務，隨父親廣泛的遊歷經歷使他對社會得到前人所未有的了解，殘酷的命運又促使他更深刻地思索人生，繼承先秦史官優秀的傳統和諸子百家廣泛的文化，司馬遷又確立了不屈服於君主淫威的相對獨立和批判精神的寫作立場。正是在這個特殊的歷史階段和特殊的個人遭遇中，誕生出不同凡響的《史記》。

東漢班固指責司馬遷「是非頗謬於聖人：論大道則先黃老而後六經，序遊俠則退處士而進奸雄，述貨殖則崇勢力而羞貧賤。」（《漢書·司馬遷傳》）

然而，這些恰恰是讓後人覺得司馬遷遠比班固之輩高明的地方。正是由於司馬遷對歷史和社會具有獨特的、極其深刻的理解，對各種人物的生存活動具有巨大的包容性，不受正在建立起來的儒家統治思想的束縛，敢於蔑視世俗道德教條，也不從某種

單一的學說出發來理解人性和描寫人格，《史記》方能成其豐富和博大，產生一種獨特的魅力，以區別於任何一本史書。

作為史書，同樣的，司馬遷想為封建統治者和後人提供歷史的借鑒作用，反映的是真實的歷史。

本著實錄的精神，司馬遷在選取人物時，並不是根據其官職或社會地位，而是以其實際行為表現出的影響力為標準。比如，他寫了許多諸如遊俠、商人、醫生、倡優等下層人物的傳記，使得後人見識前人生活的方方面面。

正因為上面所說的原因，所以《史記》真的是「史家之絕唱，無韻之離騷」。

萬歲何時變成了皇帝的專稱

電視劇中常能看到這樣的場景：一群文武大臣伏在地上，口中高呼「吾皇萬歲，萬歲，萬萬歲。」

「萬歲」二字好像是皇帝的專用稱呼，旁人冒犯不得。一看到「萬歲」二字，便把它與皇帝聯繫起來，代表皇帝的無上地位。

事實是如此嗎？

在《詩經·豳風·七月》中有描寫人們歡慶場面的詩句：「躋彼公堂，稱彼兕觥，萬壽無疆。」意思是人們經過一年的辛勤勞作後，舉行歡慶儀式，互相歡呼祝頌。這裡的「萬壽無疆」，是人們舉杯痛飲時發出的歡呼語。在西周、春秋時，「萬年無疆」、「眉壽無疆」等是人們常用的頌詞和祝福語，並不是對君王的尊稱。

西周金文中也有很多這類文字，它並不是專屬於天子，而只是一種記述方式，可以刻在鑄鼎上。比如「唯黃孫子系君叔單自作鼎，其萬年無疆，子孫永寶享」，表示的只是傳之子孫後代，永遠私有之意。而「萬歲」一詞，是這些頌詞、祝福語的發展和簡化。

直到漢初，「萬歲」在人們口中還常常出現，如《史記·廉頗藺相如列傳》記載，藺相如奉和氏之璧入秦，「奏秦王，秦王大喜，傳以示美人及左右，左右皆呼萬歲」。可見此時的「萬

歲」還沒有和君王聯繫起來。

「萬歲」正式成為皇帝的專用名詞，是漢武帝規定下來的。

漢武帝時，「罷黜百家，獨尊儒術」，「萬歲」被儒家定於皇帝一人，從此，「萬歲」成了皇帝的代名詞，只有對皇帝才能稱「萬歲」，表達極其讚賞、崇拜的感情。

另外，在電視劇中，常有「三呼萬歲」，也有的是「山呼萬歲」，那到底哪一個是正確的呢？

據《漢書‧武帝本紀》記載：「元封元年春，武帝登臨嵩山，隨從的吏卒們都聽到山中隱隱傳來了三聲高呼萬歲的聲音。」所以「山呼」又稱「嵩呼」，在現代人看來，這不過是回聲而已，可是後世的統治者卻把這事看成是吉祥的兆頭，於是把「山呼萬歲」定為臣子朝見皇帝的禮儀，稱作「山呼」。

在《元史‧禮樂志》裡，對「山呼」的儀式有更詳細的記載：凡朝見皇帝的臣子跪左膝，掌管朝見朝廷的司儀官高喊「山呼」，朝見的人叩頭並應和說：「萬歲！」司儀官再喊「山呼」，朝見的人還是如此這般。最後司儀官高喊：「再山呼！」朝見的人再叩頭，應和說：「萬萬歲！」

誰發明的「永字八法」

中國的書法包括筆法、字法和章法，在這三部分之中，以筆法為基礎。所謂筆法，就是筆劃之法。而「永字練書法」中的「永」字恰好有八畫，而且畫畫不同，集中了漢字楷書中幾乎所有的點畫形式。「永」字八畫，即「側（點）、勒（橫）、努（直）、趯（鉤）、策（向上斜書）、掠（撇）、啄（短撇）、磔（捺）」，由於「永」字包括了書法中八種最基本的筆畫，所以初學書法的人都會把「永」字作為學習書法筆畫的基礎法則。

那麼，永字練書法產生於何時？是誰發明的？對此，書法界存有五種說法：

1.作者係蔡邕

見於元李溥光所撰《雪庵八法》：「歷代以下，書者工於筆法之妙。其名世者，如魏晉之鍾繇、王羲之，唐之歐（陽詢）、虞（世南）、柳（公權）、顏（真卿）之輩，亦各家有書，所傳之，惜乎淪沒日久，真跡不存，惟羲之『永』字八法，共《三昧歌》，流傳在世」。李溥光認為起源於東漢蔡邕，晉王羲之加以發揚。

2.作者係智永禪師

見於宋陳思所輯《書苑菁華》：「隋僧智永，發其指趣，援

於虞祕監世南，自茲傳授遂廣彰焉。」

3.作者係王羲之

唐代書法家李陽冰於《法書苑》中有言曰：「昔王逸少工書十五年，偏攻『永』字八法，以其八法之勢，能通一切。」

4.作者係張旭

見於宋朱長文所編《墨池編》《張旭傳永字八法》，同《柳八法頌》及《顏魯八法頌》。清馮武《書法正傳》中《書法三昧》云：「凡學必有要，若網在綱，有條而不紊。『永』字者，眾字之綱領也，識乎此，則千萬字在矣。」

5.作者係崔子玉

見於唐張懷瑾《玉堂禁經》：「八法起於隸字之始，後漢崔子玉曆鍾王以下，傳授所用八體該於萬字。」「大凡筆法，點畫八體，備於『永』字。」

誰發明了永字八法並不重要，只要初學者認真揣摩名家寫「永」字的方法進行筆畫練習，以此提高自己在書法方面的認識和領會、夯實基本功就足夠了。

三國人名多單字非巧合

　　翻看東漢、三國長達300多年的歷史，會發現一個驚人的「巧合」：這一時期內的人物，絕大部分取的都是單名，除了一些有個性的隱士如龐德公，和一些乳名如（劉盆子）外，要想在有身分、地位的人中找到名為雙字的可能性微乎其微。

131

　　這是巧合，還是另有原委？原因得從王莽改制說起。

　　西漢末年，王莽篡奪了政權。為了保證統治地位和強調政權的合法性，他利用董仲舒的「神學目的論」，大搞迷信，大搞復古，以此為核心，還推行了一系列所謂的「新政」，從土地制度到用人制度，從貨幣到地名，幾乎無孔不入，當然也涉及了人名。

　　在這一系列「托古改制」的改革中，王莽對「名」特別重視，他一上台，就大刀闊斧對事物的名稱進行改革。首先把中央各級官名改了，以表示新朝代的「新」，然後是大改地名。今天改了，明天又改回來，朝三暮四，弄得人不知所措。後來，甚至將「匈奴」改成「降奴」，「單于」改成「服於」，由此引發了民族戰爭。王莽對姓名更是特別在意。他對自家的「王」看得十分重要，對許多劉姓皇族和有功部下賜姓「王」，以示恩寵。

　　在這期間發生的一件事，可以看出當時王莽對姓名的改革。

　　《漢書‧王莽傳》中有這樣的記載：王莽的長孫叫王宗，他對皇帝的寶座向來有野心，如果他有耐心，是有機會當皇帝的，

可他性子實在太急了，就「自畫容貌被服天子衣冠，刻銅印三顆，與其舅合謀，有承繼祖父大統的企圖。事發，宗自殺，仍遭罪遣。」

雖然人死了，但「政治權力」也要剝奪，王莽作出這樣的處理：「宗本名會宗，以製作去二名，今復名會宗。」這道命令的意思是「製作」就是法令，王宗本來名是兩個字，叫「王會宗」，是依法令後改成的「王宗」，現在犯了法，得再改回去，還叫原來的「王會宗」。

從王莽這道命令可以看出三個問題：第一，王莽之前的人名字數不受限制。第二，王莽上台後，曾經下過「去二名」的「製作」，也就是以法律形式規定不准用雙字名。第三，只有良民才有資格用單字，用雙字是一種懲罰。

王莽對姓名的改革影響了後世，人們為了顯示自己是良民，是有地位的人，紛紛取單字，這也就是東漢、三國時期人名單字多的原因。

《胡笳十八拍》作者究竟是誰

琴歌《胡笳十八拍》是由18首歌曲組合的聲樂套曲，由琴伴唱，描寫主人公飽受戰亂之苦，抒發愛國思鄉之情，骨肉分離之親。千百年來成為我國傳統音樂作品中的珍品，深受人們喜愛。據傳其作者是東漢著名文學家蔡文姬。

蔡文姬，名琰，是東漢末年大名士蔡邕的女兒，她自幼就聰穎過人，博學多才，尤其在文學和音律方面更是出眾，是個出了名的才女。父親死於獄中以後，文姬孤苦無依，只好跟著難民到處逃亡。有一天文姬在逃難中正好碰上匈奴兵，被其掠去。從此，她流落匈奴成了左賢王的夫人。

左賢王很寵愛文姬，夫妻感情很好。蔡文姬在南匈奴一住就是十二年，生有兩個孩子，但是仍然十分思念故鄉。她靠著自己的音樂天賦創作了《胡笳十八拍》。

《胡笳十八拍》歌詞分為十八章，一章為一拍。第一拍點「亂離」的背景；第二拍到第十一拍的主要內容便是寫她的思鄉之情；第十二拍中是這種矛盾心理的坦率剖白；第十三拍起，轉入不忍與兒子分別的描寫，結尾一段「胡與漢兮異域殊風，天與地隔兮子西母東。苦我怨氣兮浩於長空，六合雖廣兮受之應不容。」全詩即在此感情如狂潮般湧動。

《胡笳十八拍》創作後蔡文姬經常演奏，借以抒發自己的思鄉之情。後來，曹操派朝臣周近出使南匈奴並贖迎文姬。文姬經

過激烈的思想鬥爭，揮淚與左賢王和兩個孩子告別後踏上歸鄉之路。經過長途跋涉，數月之後，她終於回到了曹操的大本營鄴城。

胡笳就是胡地的笳，在漢時流行於塞北和西域遊牧民族中。「笳」形似篳篥，是漢代鼓樂中的主要樂器。胡笳善於表現淒愴、哀怨的情感，富有悠遠的穿透力，很符合那些邊遠遊牧民族英勇強悍的個性及牧馬吹奏的特色。

在漢魏歷史上流傳有不少運用笳聲作戰的故事。歷史上也有不少有關笳的文章，蔡文姬的《胡笳十八拍》更為笳添加了一種感傷而誘人的神韻。

《胡笳十八拍》的藝術價值很高，明朝人陸時雍在《詩鏡總論》中說：「東京風格頹下，蔡文姬才氣英英。讀胡笳吟，可令驚蓬坐振，沙礫自飛，真是激烈人懷抱。」郭沫若對《胡笳十八拍》中歌詞加以考證也斷言非蔡琰莫屬，並稱讚說：「這實是一首自屈原《離騷》以來最值得欣賞的長篇抒情詩。」

然而，自唐以來，有學者對蔡文姬創作《胡笳十八拍》提出質疑，認為這部作品的作者是唐代著名琴師董庭蘭。唐代進士劉商《胡笳曲序》（《樂府詩集》卷五十九轉引）序文曰：

蔡文姬善琴，能為離鸞、別鶴之操。胡虜犯中原，為胡人所掠，入番為王后，王甚重之。武帝與邕有舊，遣大將軍贖以歸漢。胡人思慕文姬，乃卷蘆葉為吹笳，奏哀怨之音。後董生以琴寫胡笳聲為十八拍。今之胡笳弄是也。

序文中有「後董生以琴寫胡笳聲為十八拍，今之胡笳弄是也」，以是推斷：《胡笳十八拍》乃唐代琴家董庭蘭（即董生）所作。

琴歌《胡笳十八拍》作者是誰？這一問題的討論自唐代至今文學界見仁見智，音樂學界也未有定論。但無論作者是蔡文姬還是董庭蘭，抑或其他人，都不影響我們對作品的喜愛和推崇。

諸葛亮寫過《後出師表》嗎

在中國人心目中，諸葛亮能夠呼風喚雨，扭轉乾坤，簡直是神仙的化身。尤其是舌戰群儒、草船借箭、巧借東風，大擺「空城計」，三氣周瑜的故事更是被世代傳頌，所以，諸葛亮在民間被奉為古今第一智慧人物。古往今來，有關諸葛亮的謎題數不勝數，其中，「諸葛亮是否著《後出師表》」的爭論最為激烈。

經過多年辯論，現在絕大多數學者相信《後出師表》是他人所作，且理由相當充分。

首先，作品中最大的硬傷是「趙雲之死」。《三國志・趙雲傳》和注引《雲別傳》中明確記載趙雲死於建興七年，但《後出師表》卻說趙雲死在建興六年。趙雲身為蜀國大將軍，其死於哪年，蜀國宰相應比他人更了解。何況諸葛亮一向謹慎行事，他怎麼會犯如此低級的錯誤呢？所以，《後出師表》為他人所作。

其次，通過分析《前出師表》和《後出師表》的內容可以看出，作者判若兩人。在《前出師表》裡：「先主崩殂，益州疲弊，正值危急存亡之秋，」但他仍相信，只要後主「親賢臣，遠小人」「漢室之隆，可計日而待」「原陛下托臣以討賊興復之效，不效則治臣之罪以告先帝之靈」表現出諸葛亮壯志雄心、敢於承擔責任的品格。而《後出師表》裡卻記載：「然不伐賊，王業亦亡，惟坐而亡，孰與伐之？」「凡事如是，難可逆料」「至於成敗利鈍，非臣之明所能逆睹也。」彷彿北伐之事實屬無奈之

舉，對此一戰諸葛亮充滿擔憂，絲毫看不見勝利的曙光。

兩篇作品時間間隔僅有一年，難道說，原先充滿自信、雄心勃勃的諸葛亮在一年裡就變得意志消沈、逃避責任了嗎？再說此時的蜀國仍有一定實力，並非像文章所描寫的那麼悲觀。

再者，劉備死後，雖有劉禪繼位，但事實上諸葛亮獨攬大權，管理一切國家大事。當他提出再次北伐時，沒有人會質疑北伐的前景。而文中卻說「議者所謂非計」，不符合蜀國當時的情況。另外，據《吳志・諸葛恪傳》記載：「恪遂有輕敵之心，以十二月戰克，明年春，復欲出軍。諸大臣以為數出罷勞，同辭諫恪，恪不聽。中散大夫蔣延或以固爭，扶出。恪乃著論諭眾意。」

這段描述與「議者所謂非計」所寫相吻合。因此，一些學者認為《後出師表》為諸葛亮的侄子諸葛恪所著。只不過他假托諸葛亮之口，希望說服眾人。而且，諸葛亮已死，「死無對證」，不能不令他人信服。

時隔千年，《後出師表》的作者是誰？是諸葛亮還是諸葛恪，或者其他人？現在沒有統一定論。或許某一天的考古挖掘能帶來新的論據，揭開這一千古之謎。

《蘭亭集序》真偽之謎

　　《蘭亭序》也稱《蘭亭宴集序》《蘭亭集序》《臨河序》等，是王羲之在東晉永和九年為朋友的詩作所寫的序文手稿，全文共28行324個字，有「天下第一行書」之稱。

　　1600多年前的那個春天，三月三日，紹興西南蘭渚山下，一座充滿蘭花幽雅香氣的古典園林中，一群文人墨客聚在一起在玩一個「曲水流觴」的遊戲。這是一個屬於文人的遊戲，他們圍坐在曲水之畔，將酒杯放在水中，任其順水漂游，酒杯到了誰的面前，誰就要飲酒作詩。一會兒的時間，已經有了37首詩，有人提議將這些詩出版成集，以作紀念，這個想法得到了大家的一致贊同，並推舉王羲之寫序。

　　王羲之也正處於酒酣興濃之時，遂提筆寫下了流傳千古的《蘭亭序》。因是乘興揮筆，一氣呵成，所以，《蘭亭序》可以說是王羲之書法最高境界的代表作品。

　　王羲之酒醒以後，對於自己的這幅作品也倍感驚奇，他又嘗試了很多次，最終也沒有再達到那個高度。他知道，《蘭亭序》把自己的藝術潛力發揮到了極致，再也無法超越了。因此，王羲之對這幅作品非常珍愛，把它當成了世代相承的傳家寶。

　　然而，《蘭亭序》是否為王羲之所寫，歷來頗有爭議。20世紀60年代，曾經發生過一場關於《蘭亭序》真偽的大討論，爭論雙方代表為郭沫若和高二適。1965年6月，時任中國科學院院長

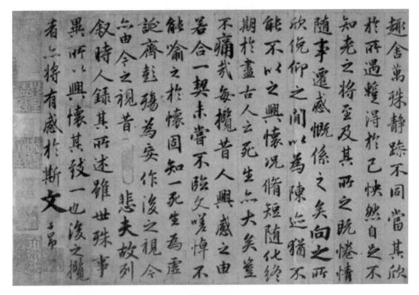

蘭亭集序

的郭沫若在《文物》雜誌上，發表了《從王謝墓誌出土論〈蘭亭序〉的真偽》一文。該文列舉諸理由，推斷《蘭亭序》並非王羲之的原作。

這篇文章發表後，被江蘇省文史研究館館員高二適看到，不以為然，於是寫了一篇《〈蘭亭序〉的真偽駁議》的文章，堅持《蘭亭序》仍為晉代王羲之手筆，並非後人之偽作，其論點與郭文針鋒相對。

高二適的文章寫好後，寄到報社投稿卻都被退回，沒有哪家報刊敢登載。後來，高二適只好求助於中央文史館館長章士釗。章看了高二適的文章，表示願意為他幫忙，並在高二適將文章改好之後，寫信給毛澤東，向他推薦該文，信中還介紹了高二適的情況，希望能夠得到發表。

　　毛澤東看過章士釗的來信和所附高二適的文章後，次日即覆函給章士釗說：「高先生評郭文已讀過，他的論點是地下不可能發掘出真、行、草墓石。草書不會書碑，可以斷言。至於真、行是否曾經書碑，尚待地下發掘。但爭論是應該有的。我當勸說郭老、康生、伯達諸同志贊成高二適一文公之於世。」

　　於是，在毛澤東的支持下，《光明日報》和《文物》雜誌先後刊載了高二適《〈蘭亭序〉的真偽駁議》一文和影印的手稿。而郭沫若即針對高文發表了《駁議的商討》和《〈蘭亭序〉與老莊思想》兩文，與之辯論。爾後，高二適也再次寫了《〈蘭亭序〉真偽之再駁議》一文，回敬郭沫若。

　　一時間，學術界呈現出「百家爭鳴」的繁榮景象，從中央到地方的報刊也都刊登了有關《蘭亭序》真偽的論文。以郭沫若、高二適為首的兩派展開了一場持續半年之久的爭論，但因雙方都沒有充足證據，這場爭論最終無分對錯。

　　另外，有人根據史書記載說，《蘭亭序》真跡應該在唐太宗的昭陵或者武則天的乾陵。然而，不論《蘭亭序》的作者到底是不是王羲之，這篇序文在書法上的成就和地位都是無可取代的。

唐朝已有「老公」、「老婆」之稱

　　老公老婆是近年來對丈夫妻子的流行叫法。很多人以為，老公老婆最初是港台的叫法，是改革開放後隨著港台片的熱播流行起來的。實際上，老公老婆這個稱呼在唐朝時就已經有了。

　　據說，唐朝時有一個叫麥愛新的讀書人，考中功名後就開始嫌棄妻子年老色衰，想再納新歡。於是，寫了一副上聯放在案頭：「荷敗蓮殘，落葉歸根成老藕。」妻子看到後，從聯意中覺察到丈夫有了棄老納新的念頭，便提筆續寫了下聯：「禾黃稻熟，吹糠見米現新糧。」

　　以「禾稻」對「荷蓮」，以「新糧」對「老藕」，不僅對得十分工整貼切，新穎通俗，而且，「新糧」與「新娘」諧音，饒有風趣。麥愛新讀了妻子的下聯，被妻子的才思敏捷所打動，便放棄了棄舊納新的念頭。

　　妻子見丈夫回心轉意，不忘舊情，乃揮筆寫道：「老公十分公道。」麥愛新也揮筆續寫了下聯：「老婆一片婆心。」

　　於是，這個故事很快流傳開來，並傳為佳話。從此，漢語中就有了「老公」和「老婆」這兩個詞，民間也有了夫妻間互稱「老公」「老婆」的說法。

　　那麼，除此「老公」與「老婆」外，夫妻之間還常有哪些稱呼呢？

1. 妻子與丈夫

母系氏族時期，女尊男卑。男女結為夫妻後，男人怕女人被其他男人搶走，就天天跟在女人後面一丈之遠。故男人被人稱之為「丈夫」。

另外，中國古代有些部落有搶婚習俗。女子選擇夫婿，主要看這個男子是否夠高度，一般以身高一丈為標準。當時的一丈約等於七尺（那時的一尺約合現在的六寸多），有了這個身高一丈的夫婿，才可以抵禦強人的搶婚。根據這種情況，女子都稱她所嫁的男人為「丈夫」。

而「妻子」一詞的來歷最早見於《易經繫辭》：「人於其官，不見其妻。」但在古代，妻子一詞並不是男子配偶的通稱。後來，隨著社會的發展，「妻子」才漸漸成為所有男人對配偶的通稱。

2. 愛人

現代人常用愛人來稱謂自己的配偶，這一稱呼來於英國。位於蘇格蘭達姆弗利的斯威特哈特寺院使英語單詞「sweetheart」含有了「愛人」之意。

斯威特哈特寺院是由1296年去世的巴納德城堡領主約翰·巴裡奧爾之妻德鮑吉拉夫人修建的。德鮑吉拉夫人與丈夫二人一生恩愛，丈夫死後，她將丈夫的屍體安葬，但將丈夫的心臟熏香後裝在了象牙盒裡隨身攜帶，常常謂之曰：「我最可愛的心，不會說話的夥伴。」

皇后為什麼被叫做「梓童」

在我國的戲曲、評述及通俗演義裡，皇后常常自稱或被皇帝稱為「梓童」。「梓童」原作「子童」，最早出現在《全相平話五種》：

「妲己乃問天子曰：『大王前者行文字天下人進寶，近日進得何寶？將來與子童隨喜看之。』」（《武王伐紂平話》）

「呂后：『子童領旨，九月二十一日未央宮下，斬訖韓信也』。」（《前漢書平話》）

「高祖聖旨言：『寡人去遊雲夢，交子童權為皇帝，把三人賺入宮中，害其性命』。」（《三國志平話》）

多年來，許多學者都在探究「子童」起源，研究其寓意。功夫不負有心人，如今這個謎題終於被解開了。

據有關專家考證，「子童」由「小童」衍化而來。

「小童」原是春秋戰國時期諸侯正配夫人的自稱。雖然秦始皇統一六國，建立中國歷史上第一個「國家」成為「皇帝」，其正室妻子雖然也稱「皇后」，但有時仍沿用春秋戰國時期的稱呼，自稱「小童」。直到宋元時期，這個稱呼才有些許變化，「小童」演變為「子童」。

為什麼「小童」在宋元時期變成「子童」呢？原來這與宋朝的程朱理學有關。宋元時期，程朱理學盛行，封建倫理綱常被奉為永恆不變的真理，與之相應，人們的一言一行都要「循規蹈

矩」。因此，作者在進行文學創作時，出於用「小」稱呼皇后有不敬之意，由於「子」也有「小」的意思，遂用「子」代替「小」，「小童」就變成了「子童」。又因為「子」與「梓」同音，其且「梓」有以下諸訓：《尚書大傳》引商子曰：「梓者，子道也。」《詩·鄘風·定之方中》：「椅桐梓漆〔疏〕陸機云：梓者，楸之疏理白色而生子者為梓。《正字通》：梓，百木之長，一名木王，羅願曰：室屋間有此木，餘材不復震。」

143

梓為木中之貴者，古人以梓為有子的象徵，皇帝立皇后，不僅是為了母儀天下，更重要的是為了建子嗣，承大統，以延續和維持王朝的長久統治。歷代帝王十分重視子嗣的傳承，把建儲稱作立國本。所以把皇后稱「梓童」也正迎合了當時統治者的這種心理。

為什麼《百家姓》以「趙」姓開頭

　　《百家姓》本是北宋初年錢塘（杭州）的一個書生所編撰的蒙學讀物，將常見的姓氏篇成四字一句的韻文，像一首四言詩，便於誦讀和記憶。因此，流傳至今，影響極深。《百家姓》的次序不是各姓氏人口實際排列，是因為讀來順口，易學好記。《百家姓》與《三字經》《千字文》並稱「三百千」。

　　為什麼《百家姓》以「趙」姓做為起頭呢？經考證，主要有兩個原因：

1.「趙」姓由來已久，且是大姓

　　根據《姓纂》記載，最初以趙為姓的人，是顓頊帝的子孫造父，他以善於駕馭，於周穆王的時候得到了趙城這個地方為封地，就以封地的名稱作為自己家族之姓，而世代相傳下來。當時的趙城，現在的位置大致是在山西省趙城縣西南。後來，這個家族曾繁衍到今甘肅、河南、江蘇一帶，這是趙姓的由來。而這個家族，從一開始便十分顯赫，在春秋時代，自從趙衰輔佐晉文公稱霸，趙氏子孫就世代為晉國的大夫，權傾當朝。

　　到了春秋末期，也就是周威烈王的時候，趙家的權勢更大。歷史上有名的「三家分晉」，就是趙家與同為大夫的韓家和魏家瓜分了晉國，而分別自立為一個諸侯。

　　後來，趙國的國勢越來越強，成為戰國七雄之一，其都城設

在晉陽,現在山西省太原縣的北面。可見,現在所有姓趙的人,最早都是山西人,後來才逐漸移居他處,「五百年前是一家」,以趙姓人來說,如果認真的推溯,又豈止是500年而已?

2.宋朝的皇帝姓「趙」

自從趙匡胤建立宋朝,「趙」自然成為「天下第一姓」。作者將「趙」姓列在首位,不免有拍皇帝馬屁之嫌;但實際上,作者不把「趙」姓排在首位,就有「欺君之罪」,很可能會招致殺身之禍的。

《百家姓》以「百家」為名,原蒐集姓氏411個,後增補到504個,其中單姓444個,複姓60個。不過,在中華民族這個大家庭中,姓氏何止百家,就僅是漢族也不止這個數。

據說,有記載或有據可查的姓氏,可達5600個之多。這其中有單姓、複姓、三字姓、四字姓和五字姓。此外,有的民族,比如傣族,就有名無姓。

《滿江紅》作者之謎

　　長期以來，人們認為《滿江紅》的作者是宋代愛國將領岳飛，他在寫這首詞時，正值中原遭受女真鐵騎蹂躪的歲月，岳飛懷著一腔熱血，矢志抗金，而這首詞真實、充分地反映出岳飛盡忠報國的英雄氣概。對此，沒有人懷疑它的真實性。

　　但是，近些年來，有關專家對這首詞的作者產生了疑問。

　　堅持《滿江紅》是岳飛所作的主要根據是，宋代人陳鬱在其《藏一話腴》中涉及到岳飛時，記載有武穆「又作《滿江紅》，忠憤可見」，說明在當時的著作中已有《滿江紅》的記載；其次，在湖南省湯陰縣的岳飛廟碑林中有一碑刻，碑上刻有《滿江紅》全詞，碑刻於明天順二年，即1458年，由岳飛的同縣庠生王熙所書。王熙世代居住湯陰，想來是不敢做偽證的。另外，就詞中一些具體句子，一些學者也回答了持否定說的人的質疑。如台灣學者李安1980年著文，根據史實同《滿江紅》中的詞相考證得出結論：《滿江紅》詞乃岳飛「表達其本人真實感受，於公元1133年秋季9月下旬作於九江。」

　　認為它並非岳飛所作的根據是：

　　專家余嘉錫根據對《四庫提要辨證》的考證提出了兩點疑問。岳飛的孫子岳珂所編《金倫粹編·家集》中沒有收錄這首詞，而岳珂在蒐集岳飛文章時不遺餘力，從編定到重刊，歷經31年，卻沒有收錄這首比岳飛其他詩詞都著名的詞。《滿江紅》這

首詞最早見於明代嘉靖年間徐階所編的《岳武穆遺文》，是根據弘治十五年（公元1502年）浙江提學副使趙寬所書岳墳詞碑收入的，趙寬亦未說明這首詞的來龍去脈，而且趙寬碑記中提及的岳飛另一首詩《送紫岩張先生北伐》經歷史學家考證是偽作。在此之前，宋、元時期的相關記載和題詠中並未發現它的蹤影。

　　此外，在岳飛的朋友和跟岳飛有交往的其他同時代人的作品中，也從來沒有提到過這首詞。直到四百多年後，並且又是到了跟宋朝的情況有些相似的明朝中後期該詞才被發現，這是否有可能是明朝人為了鼓舞士氣，才假托岳飛之名而偽造的呢？並且這首詞的慷慨雄壯的風格，與岳飛其他詩詞作品中的委婉曲折有所不同。

　　另外，詞中有一句「駕長車，踏破賀蘭山缺」，這與當時的歷史情況有出入。賀蘭山在今內蒙古河套之西，南宋時屬西夏，並非金國土地，而金國黃龍府，在今吉林省境內。岳飛不可能以在西夏境內的「賀蘭山」來比喻攻打金國黃龍府的志願。岳飛曾與將士們相約「痛飲黃龍府」，所以他進攻的方向應是今天的吉林省農安縣。實際上是明代北方韃靼族常取道賀蘭山入侵甘、涼一帶，明代弘治十一年（1498年），明將王越曾在賀蘭山抗擊韃靼，打了一個勝仗。

　　因此，從「求真」的角度來說，《滿江紅》很可能並非出自岳飛之手呀！

《西廂記》究竟為何人所做

　　元代戲劇《西廂記》是我國古典戲曲史上的一株奇葩，作者以現實主義的創作手法，為我們描繪了書生張生與相國女兒崔鶯鶯戀愛的故事。

　　這為後來以愛情題材為主的文學創作提供直接借鑒，如湯顯祖的《牡丹亭》、曹雪芹的《紅樓夢》都從它那裡吸取了反封建的民主精神，激勵青年男女不畏強權，追求美好愛情。但是，誰創作了這部影響千年的戲曲名著，歷來有不同的說法。

　　普遍認為《西廂記》為元代雜劇作家王實甫所著。元末鍾嗣成的《錄鬼簿》、明初朱權的《太和正音譜》都支持此種觀點。也有人認為作者係關漢卿，更有人提議《西廂記》為王實甫和關漢卿合寫，只不過存在「王作關續」和「關作王續」的問題。

　　近年來經過研究者大量翻閱文獻資料，又得出新的結論：《西廂記》前四折為王實甫所作，第五折由元朝的民間藝人加工而成。

　　其理論依據是：一般說來，元雜劇是一本四折，每人負責唱一折，而現存的《西廂記》卻有五折，打破原有限制。如果說這是王實甫力求創新的結果，但是前四折和第五折的創作風格、語言運用，甚至主題思想也大不相同。第五折所用的曲調完全打破了前四折用北曲聯套的習慣，唱法也發生改變，自由運用聲腔。之所以出現這種情況，是因為元曲創作陣地南移杭州受南戲的影

響,由元代後期作曲家加工整理。而且,就前四折來說,如果《西廂記》至此結束,不僅符合中國傳統戲劇的結構特點,而且以悲劇結尾,改變當時戲曲作品以大團圓結局的老套戲路。無論其思想性還是藝術手法,都要高同期作品一等。所以說王實甫創作《西廂記》前四折,第五折由元朝末年民間藝人加工而成。

　　探究《西廂記》的作者是誰,這對正確分析《西廂記》的思想性和藝術性有重要意義,也可以幫助我們認識中國古典戲劇在元代的發展狀況。

崔鶯鶯

劉伯溫寫《燒餅歌》目的是什麼

　　劉基，世稱劉伯溫，是明朝開國宰相。相傳中國三大民間預言之一《燒餅歌》的作者就是劉伯溫。

　　明太祖朱元璋建政後，最關心的當然是自己可否永保江山。他知道輔佐自己打下天下的劉伯溫是深明數理的道中之人，便向劉伯溫詢問有關將來的事情。這個問題可難住了劉基。回答不是，不回答也不是。最後劉基含蓄而隱晦地答道：「我皇萬子萬孫，何須問哉！」

　　歷史的發展已經告訴我們，明朝的江山是傳到明思宗（朱由檢）崇禎皇帝為止的，此後便是滿清王朝的天下。崇禎十七年（1644年），李自成攻陷北京，明思宗自縊而死，明王朝宣告滅亡。而這個明思宗便是明神宗萬曆皇帝的孫子。

　　很明顯，劉基回答朱元璋的問話，是一句雙關語，表面上是一句恭維話，說明朝江山將會傳至千秋萬代，實際上是明確預言：明的江山將會傳到萬曆皇帝的孫子崇禎皇帝為止。這裡可以看到劉基的智慧，既不冒犯天子，又回答了天子的問題，準確預言了未來。

　　太祖說道：「雖然是這樣，但自古興亡原有定數，況且天下不是一人的天下，只有有德的人才能享用。你但說無妨。」劉基說：「泄漏天機，我的罪會很重。請陛下恕臣不死之罪，我才敢冒奏。」太祖隨即賜給了劉基免死金牌。

這樣劉基才對以後的幾百年作了預言，既全面地演繹了此後大明王朝的幾乎所有大事件，連同清朝甚至清後的歷史進行了推演，直至清末及以後的事，其中包括「土木之變」、「宦官亂政」、「清軍入關」、「漢人剃髮」、「康乾盛世」，形成了至今仍然在市井中流傳的《燒餅歌》。

據稱劉伯溫面君之時正趕上太祖吃燒餅，所以稱之為《燒餅歌》。《燒餅歌》中的隱語歌謠，詞句饒有興趣，朗朗上口，易於記憶。例如：

> 此城御駕盡親征，一院山河永樂平，
> 禿頂人來文墨苑，英雄一半盡還鄉。
> 北方胡虜殘生命，御駕親征得太平，
> 失算功臣不敢諫，舊靈遮掩主驚魂。
> 國壓瑞雲七載長，胡人不敢害賢良，
> 相送金龍復故舊，靈明日月振邊疆。

（燕王得宦官之助，篡奪王位成功，並自立為帝，即明成祖，改年號為「永樂」元年，並遷首都到北京。明成祖在位之時，北方蒙古及夷人亦常興兵侵犯我中華，明成祖五次親自領兵作戰皆大勝，故當時天下得以太平。明英宗正統十四年，北方胡人瓦剌大舉南侵，明英宗也效仿先帝御駕親征，但卻被擄。英宗之弟隨之繼位，胡人見要挾不成，於是七年後將英宗送回北京，這就是歷史上的「土木之變」。）

三寸金蓮為何能流行

　　纏足是中國古代的一種陋習，即把女子的雙腳用布帛纏裹起來，使其變成為又小又尖的「三寸金蓮」。「三寸金蓮」也一度成為中國古代女子審美的一個重要條件。但是，古代婦女纏足始於何時？裹足小腳為什麼被稱為「金蓮」？三寸金蓮為什麼能夠流行起來？卻始終是一謎。

　　關於纏足的起源，說法不一。有說始於隋朝，有說始於唐朝，還有說始於五代。有人甚至稱夏、商時期的禹妻、妲己便是小腳。可謂是眾說紛紜，莫衷一是。

　　纏足成為一種習俗，還是在宋代，五代以前中國女子是不纏足的。北宋時期已經有了關於纏足的記載。詩人蘇軾曾專門寫詞詠嘆纏足。宋室南遷之時，纏足的風俗也由北方傳到南方。南宋時，婦女纏足已比較多見，甚至南宋末年時，「小腳」已成為婦女的通稱。但是婦女纏足還並不十分普及，僅限於上層社會。可以說在社會觀念上，纏足尚未人人接受。宋代的纏足與後世的三寸金蓮也是有區別的，宋代的纏足是把腳裹得「纖直」但不弓彎。

　　元朝時，蒙古人本來不纏足，但並不反對漢人的纏足習慣，還持讚賞的態度。

　　明代，婦女纏足之風進入興盛時期，並在各地迅速發展。這時對裹足的形狀也有了一定的要求，女子小腳不但要小，要縮至三寸，而且還要弓，要裹成角黍形狀等種種講究。腳的形狀、大

小成了評判女子美與醜的重要標準。在當時，社會各階層的人娶妻，都以女子大腳為恥，小腳為榮。「三寸金蓮」之說深入人心，甚至還有裹至不到三寸的。

清朝統治者入主中原後，起初極力反對漢人的纏足風俗，但後來並未達到禁止的目的，故而有「男降女不降」之說。由此可見纏足之風的根深柢固。

那麼，婦女纏的小腳為什麼被稱為「金蓮」？長期以來，人們對這個問題也是倍感興趣，卻並沒有一個令人滿意的答案。

有學者認為，這與佛教文化中的蓮花有關。蓮花在佛門中被視為清淨高潔的象徵，在中國吉祥話語和吉祥圖案中佔有相當的地位，故而以蓮花來美稱婦女小腳。為什麼要在「蓮」前加一個「金」字？學者認為這可能與中國人傳統的語言習慣有關。中國人喜歡以「金」修飾貴重或美好事物，如「金口」、「金睛」、「金鑾殿」等。在以小腳為貴的纏足時代，在「蓮」字旁加一「金」字而成為「金蓮」，當也屬一種表示珍貴的美稱。

俗話有「小腳一雙，眼淚一缸」，如此看來，纏足給婦女帶來的痛苦是不可否認的。那麼，纏足為什麼能夠流行起來？

有學者認為，裹足之所以能在宋元明清流行不衰，是由於傳統農業到了後期，孕育出大量城市商鎮，原先在農村下田勞動的婦女，進入城市商鎮以後，家庭經濟來源由丈夫經商、入仕等途徑解決，婦女在家裡專心帶養子女和從事家務，尤其是有錢有勢的家庭，婦女過著衣來伸手、飯來張口的生活。婦女喪失了經濟獨立的生活能力，只能隨男子的好惡而好惡。商業社會又滋生專門為男子服務的茶樓酒館及娛樂消遣的歌伎娼女，小足的女子步行起來婀娜多姿，成為男性畸形欣賞的玩物，一旦形成了風氣，是很難立即扭轉了。

朱元璋為何要把孟子清理出孔廟

明太祖洪武五年的一天，朱元璋在翻看《孟子》時，突然大發雷霆。緊接著，他命令人將孟子逐出孔廟，不得配享。並狠狠地說上一句：「（諸大臣）有諫者以不敬論，且命金吾射之。」接到這個聖旨，滿朝文武皆驚恐不知所措。

朱元璋對《論語》愛不釋手，十分敬佩孔子。而孟子是發揮孔子仁義思想的「亞聖」，為什麼他如此討厭孟子呢？歸結起來，主要有兩方面原因：

1. 朱元璋的個人經歷致使他對文人十分反感

朱元璋出身貧寒，放過羊，做過和尚，當小軍官，成大將領，一步一步，終於一朝國家在手，走向權力的巔峰。他深知自己是武夫，沒有學識，若要統一文人的思想，鞏固統治地位，就需從文化下手。但他天生對文人、文化有一種抵觸情緒，從骨子裡看不起儒生。如他命令「有司造成均，凡士人肄習案座，皆以獨木為之」，人問其故，朱元璋回答說：「秀才頑，使之堅厚，毋敗吾案。」從中可以看出，文人在朱元璋眼中沒地位可言。

2. 孟子的「民本」思想使朱元璋感到如芒刺在背

眾所周知，孟子有句名言「名為貴，社稷次之，君為輕」。意思是人民的地位、國家的利益高過君王。君王作為國家的統治

者理應為人民服務，為江山社稷著想。

與孔子提倡的「仁」相比，孟子所說的「仁」，主要是對「民」來說的。孟子闡述，如果天子想得到天下，保有四海，就必須施行仁政，愛護人民。不要把人民厭惡的東西強加給他們。正所謂「得其民有道，得其心，斯得民矣。得其心有道，所欲，與之聚之；所惡，勿施爾也」。

孟子在《孟子·離婁下》中闡述：「君之視臣如手足，則臣視君如腹心；君之視臣如犬馬，則臣視君如國人；君之視臣如土芥，則臣視君如寇仇。」

也就是說，在孟子心中，君臣關係是相對的，根本不存在絕對的天子權威，而是認為誰能保護人民，誰就一定能稱王。如果誰殘害百姓，誰就是孤家寡人，這種人不配得到天下，即使得到天下，也應該被打倒。推翻這樣的天子，不是犯上作亂的弒君行為，正如周武王「誅一夫紂」推翻殷紂王的統治一樣，是為民除害。可見，孟子不主張天下百姓效忠於一人。

孟子的「民本」思想完全從平民的角度告訴國君應該做什麼，不應該做什麼。這大大觸怒了本是一個流氓無賴坐了江山的朱元璋，加上他的文化劣勢對知識分子所形成的先天嫉恨，自然要把孟子的牌位撤出文廟了，於是發生了開頭的那一幕。

但是孟子畢竟是「亞聖」，是儒生們心中的聖人，豈容他人玷污，即使是皇帝也不可以，於是他們使了一個心眼，第二天就對朱元璋說，他們夜觀天象，發現文星暗淡、天象有異。皇帝都是迷信天命的，得罪了上天可是一件了不得的大事，朱元璋於是馬上想到大概是因為孟子的緣故，無可奈何之下恢復了他的牌位，但是他還是搞起了另一手：刪書。把孟子的書刪掉了三分之一左右，可視為「思想的腰斬」，其手段不可謂不狠。

《永樂大典》流失何方

　　《永樂大典》自編成後，就被收藏在南京的文淵閣。至今，六百多年過去了，在全世界範圍內，所有的《永樂大典》也不過只有800餘卷，400冊左右。這個數字還不到原書的4%，那其餘的96%是怎麼遺失的呢？

　　由於《永樂大典》藏於深宮禁地，所以明朝歷代史書上很少見到關於它的記載，《永樂大典》的下落也就成了一個謎案。但是在零星的史籍介紹中，大概可以梳理出這樣的一個過程：永樂十九年，北京紫禁城落成，永樂帝遷都至此。這時，《永樂大典》的原稿仍藏於南京文淵閣，並在明代中期毀於一場宮中火災。而正本則被永樂帝帶到了北京，藏在宮中的文昭閣。弘治帝時，《永樂大典》曾被查閱。嘉靖三十六年時，宮中大火，紫禁城三大殿被焚毀，《永樂大典》也險遭厄運。

　　據史書記載《永樂大典》是嘉靖帝「殊寶愛之」的珍品。登基以來，他一直將其作為必備的參考經典，並時常在朝廷上引用。這次大火中，嘉靖急命左右登文樓，搶運《大典》，一夜中下諭三、四次，足見《大典》在他心中的分量。當時嘉靖帝即有意「重錄一部，貯之他所，以備不虞」。嘉靖十一年秋，副本抄寫工作開始，持續六年，隆慶元年才完成。這樣，《永樂大典》就有了正、副兩部。但明朝滅亡以後，《大典》正本卻神祕消失了。

清朝康熙年間，為編著《四庫全書》，朝廷下大力尋找《永樂大典》，終於發現了蹤跡，但此時已經遺失了1000多冊。道光之後，《永樂大典》被視為無用之物，一些官員便乘機偷竊，被清朝官員盜走的書又被其後人出售，賣給洋人或者古董商。就這樣，《永樂大典》大量流到民間。

光緒二十六年時，八國聯軍入侵北京，在北京城燒殺搶掠、無惡不作，翰林院也淪為戰場，兵火肆虐。這場災難過後，《永樂大典》喪失殆盡，僅存的數百冊也散落世界各地，國內只餘60多冊。

近代戰爭中，為躲避戰火，這60多冊《永樂大典》被多次轉移。曾由美國國會圖書館代為保管的一部分於1965年轉運台灣，現存於台北故宮博物院。沒有運到美國的部分《永樂大典》則在抗戰勝利後運回北京。

新中國成立後，一些藏有《大典》殘本的個人紛紛捐獻，加上蘇聯國立圖書館歸還的52冊和德意志民主共和國歸還的3冊，目前中國國家圖書館館藏《永樂大典》已達221冊，是世界各收藏地中數量最多的。

直至今天，正本的《永樂大典》依然沒有下落，但人們還是懷著最好的希望，期望《永樂大典》正本沒有焚於火中，而是深藏在某個祕密的地方，等待著後人前去發現。

為什麼《金瓶梅》不是淫穢小說

提到淫穢小說，不少人就會把它與《金瓶梅》聯繫起來。因為《金瓶梅》自古以來就是被當作「淫書之首」的禁書。

《金瓶梅》以《水滸傳》中武松殺嫂的那段故事為引子，通過對封建市儈勢力的典型代表西門慶及其家庭罪惡生活的描述，暴露了北宋中葉社會的黑暗和腐敗，具有較深刻的認識價值。書中描繪了一個上自朝廷內擅權專政的太師，下至地方官僚惡霸乃至市井間的地痞、流氓、幫閒所構成的鬼蜮世界。

西門慶原本是一個破落財主、生藥鋪老闆，但是他善於鑽營，巴結權貴，巧取豪奪，荒淫好色，無惡不作。他搶奪寡婦財產，誘騙結義兄弟妻子，霸佔民間少女，謀殺姘婦的丈夫。但由於有官府做靠山，特別是攀結上了當朝宰相蔡京並拜其為義父，他不僅沒有遭到應有的懲罰，而且左右逢源，步步高昇。這些描寫都反映了明代中葉以後，朝廷權貴與地方豪紳官商相勾結，壓榨人民、聚斂錢財的種種黑幕。

《金瓶梅》裡的確有很多關於淫蕩生活的描寫，但是《金瓶梅》並非專寫性交的淫穢小說，而是一部百科全書式的作品，是一部「人間喜劇」式的作品。作者淋灕盡致地寫西門慶的性事（變態性心理與性行為），正是從人類生活的一個本質方面揭示封建末世官僚階級萬劫不復的沒落和腐敗。

最早認識到這一點，並提倡大家閱讀並思考的是毛澤東。新

158

中國成立後，《金瓶梅》的小範圍解禁是毛澤東拍板的。1957年，毛澤東說：「《金瓶梅》可供參考，就是書中污辱婦女的情節不好。各省委書記可以看看。」

1962年8月，毛澤東在中央工作會議核心小組上的談話中，將《金瓶梅》與《官場現形記》進行比較。他說：「有些小說，如《官場現形記》，光寫黑暗，魯迅稱之為譴責小說。只揭露黑暗，人們不喜歡看。《金瓶梅》沒有傳開，不只是因為它的淫穢，主要是它只暴露黑暗，雖然寫得不錯，但人們不愛看。《紅樓夢》就不同，寫得有點希望嘛。」

《金瓶梅》的作者把那個時代的所有醜惡一股腦掀倒在光天化日之下，揭露了一個時代的失敗，把那些男男女女的皮裡陽秋來一個徹頭徹尾的大曝光。在《金瓶梅》的世界裡，沒有對道德人格的孜孜追求，沒有對政治理想的英勇獻身，只有對財富和享樂無休止的慾望和歇斯底裡的奮鬥。《金瓶梅》沒有寫到美，沒有寫到光明與希望，不是作者沒有一雙發現美的眼睛，而是他所處的那個時代過於骯髒。

另外，《金瓶梅》是中國文學史上第一部由文人獨立創作的長篇小說。《金瓶梅》之前的長篇小說，莫不取材於歷史故事或神話、傳說。《金瓶梅》擺脫了這一傳統，關注市井人物的平凡生活，以現實社會中的人物和家庭日常生活為題材，使中國小說現實主義創作方法日臻成熟，為其後《紅樓夢》的出現做了必不可少的探索和準備。

乾隆帝編修《四庫全書》的真正原因

　　《四庫全書》是中國古代最大的一部官修書，也是中國古代最大的一部叢書，分經、史、子、集四部，故名四庫。經部，主要是孔子、孟子講授的學問和後人研究這些學問的書籍；史部，主要是歷史、地理著作；子部，主要是諸子百家的一些哲學著作和百科知識著作；集部，主要是一些文學著作和作家的文集。

　　編修《四庫全書》的起因是什麼呢？1772年，安徽學政朱筠提出《永樂大典》的輯佚問題，得到乾隆皇帝的認可。但是乾隆帝認為範圍太小，應當把全國的藏書都蒐集匯總起來，編制《四庫全書》。這樣，由《永樂大典》的輯佚便引出了編纂《四庫全書》的浩大工程，成為編纂《四庫全書》的直接原因。

　　《四庫全書》從1773年開始編纂至1887年完成。全書四部共收書3460多種、79000多卷、36000多冊。除經史子集之外，另有存目6766種，共繕寫7部，分藏於文淵閣、文源閣、文溯閣、文津閣、文匯閣、文宗閣、文瀾閣。此外還有一部副本存於北京翰林院。

　　據《四庫全書》卷首開列編纂的人，前後共有360多人。這些人都是當時有學問、有專長的文人擔任。其中出力最多的是總纂官紀昀，他把《四庫全書》中每一部書的淵源、版本、內容都作了詳細的考證，編寫了二百卷的《四庫全書總目提要》。

　　全書內容豐富，包羅宏大，中國文、史、哲、理、工、醫，

幾乎所有的學科都能夠從中找到它的源頭和血脈，幾乎所有關於中國的新興學科也都能從這裡找到它生存和發展的泥土和營養，不愧為中國古代思想文化遺產的總匯，中國人乃至東方讀書人，安身立命夢寐以求的圭臬和後代王朝維繫統治弘揚大業的「傳國之寶」。

事實上，編纂《四庫全書》的過程也是大興文字獄的過程。據記載，有個浙江舉人徐述夔，被老鼠咬壞了衣服，氣憤不過，寫下了「毀我衣冠真恨事，搗除巢穴在明朝」的詩句。不巧的是他詩集中又有「明朝期振翮（hé，翅膀），一舉去（到）清都」的句子，乾隆帝就說「明朝」（明天）暗指明王朝，「大逆不道」，結果連徐述夔的孫子都被處死。

乾隆帝修《四庫全書》的目的，固然是為了誇耀大清文治盛世，用以鞏固清王朝的歷史正統地位。但出於政治目的考慮，乾隆是想借此機會對歷代漢族作者寫的書籍作一次全面審查，清除反抗清朝的民族思想，也就是採用編寫的辦法掩蓋和達到他禁毀圖書的目的。

據統計，在乾隆編纂《四庫全書》時銷毀的書籍數量約為13600卷，焚書總數共計15萬冊，銷毀版片總數170餘種、8萬餘塊。即便被收錄到《四庫全書》中的很多古籍也經過了篡改，連一些涉及契丹、女真、蒙古的文字也被修改得失去了原貌。

即便如此，《四庫全書》的編纂無疑是中國文化事業的一大巨獻。它保存了相當多的我國古代典籍，在國際上被稱為「中國人修造的文化長城」。

《清明上河圖》五次入宮，四次被盜

　　北宋畫家張擇端創作的長卷《清明上河圖》，被公認為稀世神品。千年來，它曾五次進入宮廷，四次被從宮中盜走，歷盡劫難。

　　首先收藏此畫的是北宋宮廷，宋徽宗趙佶視為神品。據考證，該圖前面應當還有一段，描寫的是遠郊的山，並且還有趙佶瘦金體的「清明上河圖」五字簽題和他收藏用的雙龍小印。

　　靖康之禍時，該畫流落民間，為金朝監御府書畫官張著所得。元滅金後，此畫第二次進入皇宮。元順帝至正年間，宮中有個姓裴的裝裱匠挖空心思，用臨摹贋品將真本換出，暗中高價賣給某真定太守。後又輾轉易手。

　　嗣後，此畫到了明朝奸相嚴嵩手中。據嚴嵩敗後查抄他家財產登記賬中，確有此畫，在明朝隆慶時收入宮廷。明穆宗不喜歡字畫，成國公朱希忠乘機奏請將《清明上河圖》賞賜給他，皇帝便讓人估成高價，抵其俸祿。這時名畫卻不翼而飛。不久，宮中傳說一個小太監得知《清明上河圖》值錢，便將畫盜走。出宮時遇見管畫人，倉皇之中將畫藏到陰溝裡，正值陰雨連綿，三天後來取，畫已腐爛。最終此事不了了之。

　　後來，人們才知此畫落入秉筆太監、東廠首領馮保之手。名畫「毀屍滅跡」的傳說不過是他一手策劃的。

　　清兵入關後，此畫相繼為陸費墀、畢沅所得。清廷早就對它

垂涎欲滴，據說畢家因此家破人亡，《清明上河圖》第四次進入皇宮。1911年，清王朝滅亡，但溥儀仍留住宮中。溥儀以賞賜其弟溥傑為名，將重要文物偷運出宮，《清明上河圖》即在其中。

1945年東北新中國成立前夕，溥儀攜大量珍寶至通化，準備乘機亡命日本。飛機還未起飛就被蘇聯軍隊俘獲，國寶交回中國政府。《清明上河圖》先存放在東北博物館，後來才轉到北京，由故宮博物院收藏。

為什麼京劇臉譜五顏六色

京劇，也稱「皮黃」，由「西皮」和「二黃」兩種基本腔調組成它的音樂素材，也兼唱一些地方小曲調和昆曲曲牌。它形成於北京，時間是在1840年前後，盛行於20世紀三、四十年代，時有「國劇」之稱。

現在它仍是具有全國影響的大劇種。它的行當全面、表演成熟、氣勢宏美，是近代中國戲曲的代表。2006年5月20日，京劇經國務院批准列入第一批國家級非物質文化遺產名錄。

京劇中最有特色的當屬臉譜，它是具有民族特色的一種特殊的化妝方法。由於每個歷史人物或某一種類型的人物都有一個大概的譜式，就像唱歌要按照樂譜一樣，所以稱為「臉譜」。

京劇臉譜一般來源於生活。每個人面部器官的形狀、輪廓相似，生理佈局也都有一定的規律，面部肌肉的紋理與人物的年齡、經歷、生活的自然條件也都有密切關係，所以京劇臉譜的勾繪是以生活為依據，也是生活的概括和濃縮。

如生活中常說的人的臉色，曬得漆黑、嚇得煞白、臊得通紅等，既是劇中人物心理活動、精神狀態的揭示和生理特徵的表現，又是確定臉譜色彩、線條、紋樣與圖案的基礎。臉譜雖然源於生活，但又是實際生活的誇張和放大。

演義小說和說唱藝術對歷史人物的誇張、形象的描寫，也是京劇臉譜的來源依據。如關羽的丹鳳眼、臥蠶眉，張飛的豹頭環

眼，趙匡胤的面如重棗等，所有這些描寫，都被戲曲化妝吸取下來，在京劇舞台上的表現尤為明顯、突出。

而說到京劇臉譜的顏色，應該是根據某種性格、習性或某種特殊類型的人物而做色彩調制的。紅色的臉譜表示忠勇義烈，如關羽、常遇春；黑色的臉譜表示剛烈、正直、勇猛甚至魯莽，如包拯、張飛等；黃色的臉譜表示凶

京劇臉譜(一)

京劇臉譜(二)

京劇臉譜(三)

京劇臉譜(四)

狠殘暴，如宇文成都、典章。藍色或綠色的臉譜表示一些粗豪暴躁的人物，如竇爾敦、馬武等；白色的臉譜一般表示奸臣、壞人，如曹操、趙高等。

故宮為何被稱紫禁城

故宮是在明成祖時期開始修建，先後有明清兩代24個皇帝在此執政。眾所周知，故宮又叫紫禁城，但是很少有人了解金碧輝煌的故宮為什麼被稱為「紫禁城」。其中隱藏著什麼玄機嗎？

中國古代天文學家通過對太空天體的長期觀察，認為紫微星垣居於中天，位置永恆不變，是天帝所居。因而，把天帝所居的天宮謂之紫宮，有「紫微正中」之說。

封建皇帝自稱是天帝的兒子，是真龍天子；而他們所居住的皇宮，被比喻為天上的紫宮。他們更希望自己身居紫宮，可以施

故宮俯瞰

政以德，四方歸化，八面來朝，達到江山永固，以維護長期統治的目的。

明清兩代的皇帝，出於維護他們自己的權威和尊嚴以及考慮自身的安全，所修建的皇宮，既富麗堂皇，又壁壘森嚴。這座城池，不僅宮殿重重，樓閣櫛比，並圍以10米多高的城牆和52米寬的護城河，而且哨崗林立，戒備森嚴。平民百姓不用說觀賞一下樓台殿閣，就是看一看門額殿角，也是絕對不允許的。

明清皇帝及其眷屬居住的皇宮，除了為他們服務的宮女、太監、侍衛之外，只有被召見的官員以及被特許的人員才能進入。這裡是外人不能逾越雷池一步的「禁區」。因此，明清兩代的皇宮，既喻為紫宮，又是禁地，故舊稱「紫禁城」。

但有些史學家認為，這與「紫氣東來」的典故有關。傳說老子過函谷關之前，關尹喜見紫氣從東而來，知道將有聖人過關。果然老子騎著青牛而來。因此紫氣便被認為具有吉祥含義。作為「天子」，皇帝當然希望天下出現祥瑞天象，在給宮殿命名時冠以「紫」字也就順理成章。又因皇帝居住的地方防備森嚴，尋常百姓難以接近，所以合稱為紫禁城。

以上兩種說法就是故宮為何又叫紫禁城的緣故了。雖然不知道哪種說法準確，但皇宮作為「吉祥之物」、「禁地」卻不可否認，也許只有這樣才能襯托出帝王的高貴與不凡。

誤解篇

此物常常非彼物

古代「皇袍」不都是「黃袍」

　　黃袍往往被看作古代帝王服色的象徵，黃色也是皇帝專用的顏色，皇帝下的詔書稱「黃敕」，宮內一切裝飾和外出乘坐的車輦也是「黃輦」、「黃屋」。

　　後周禁衛軍總領趙匡胤發動「陳橋兵變」時，眾將士以黃袍加其身，擁立為帝，其實此刻的黃袍僅僅是繡龍錦緞黃袍而已，並非官方的皇袍，但事實上，黃袍儼然已經成為皇權的象徵，披上它的一刻，就要有稱王的覺悟。那麼，是不是自古以來黃袍就是皇帝專用的呢？答案當然是否定的。

　　在古代，帝王所著服飾都是有特殊標記的，有一套正規的服飾制度來加以規範，連衣裳佩飾也有規定，一串珠玉、一個圖紋、一種顏色，以及絲線長度和衣料等，都有相應的標準。標準的專用帝王服飾出現於周代。

　　據《周易》記載：「天玄（天青色，非黑色）地黃（土地色）。」周天子在祭天的時候所著服裝為玄衣纁裳，玄為黑，纁是指兼有赤黃色，玄衣是黑色的上衣，纁裳是赤黃色的下裳。

　　到了春秋戰國時期，各諸侯國紛爭，其國君的袍服根本無法統一。《韓非子》當中有記載曰：「齊桓公好服紫，一國盡服紫。」指出齊國齊桓公好穿紫色華服。至於其他國家也是一樣，沒有固定顏色標準。漢代時期，玄色為皇服更勝，哪裡輪到黃袍佔據天下。

　　事實上，帝王著黃袍的規度始於唐朝，在唐朝以前，君王要穿什麼顏色的袍服，多是皇廷自家決定，規定不嚴。黃色更是通用顏色，並沒有尊貴的含義。只是唐高祖以赤黃袍巾帶為常服之後，有人提出赤黃色近似太陽的顏色，「天無二日」，日是帝王尊位的象徵。

　　至此，赤黃色（赭黃）為帝王所專用，黃袍也被視作封建帝王的御用服飾，百官以及百姓不允許穿黃色衣服，並以品級定袍衫的顏色，即所謂「品色服」。這種規定一直延續到清朝。在清朝，官服除以蟒數區分官位以外，對於黃色亦有禁例。如皇太子用杏黃色，皇子用金黃色，而下屬各王等官職不經賞賜絕不能穿黃色服裝。

太監並非宦官

「太監」「宦官」是我們熟悉的字眼，是我國封建社會的陰暗產物。在很多時候，我們認為太監就等同於宦官，二者都屬於受閹後的男人。《辭源》把「太監」解釋為「在宮內侍奉皇帝及其家族的官」，緊隨其後又有「自此，太監遂成為宦官的專稱」一句，這裡顯然也把太監同宦官認作是一回事，由此便形成了這樣一個認識：宦官等於太監。

把太監和宦官等同起來，這是一個比較大的誤解。

從《明史·鄭和傳》「鄭和……初事燕王於藩邸，從起兵有功，累擢太監」的記載看，太監顯然與宦官、閹人不是一個概念。鄭和12歲受閹割，侍燕王朱棣，因「靖難」有功，成祖時被提拔為太監，「太監」顯然是超於宦官之上的一類。如果太監即是宦官的話，又何須「累擢」呢？

太監與宦官的差別主要體現在兩個方面。

首先，在時間上，「宦官」一詞至少早在戰國時期就出現了，而「太監」一詞直到遼代才出現。《周禮》《禮記》中都有關於宦官的記載。宦官制度起源比太監早，周王朝及各諸侯國大都設置了宦官。當時的宦官一般由身分卑賤的人充當，其來源或由處以宮刑的罪人充任，或從民間百姓的年幼子弟中挑選。秦漢以後，宦官制度更加詳備，宦官作為一種特殊政治勢力，對許多朝代政局產生重大影響。秦國宦官嫪毐受太后寵幸，權勢顯赫，

封為長信侯。

　　其次，戰國時期的「宦官」並非都是閹人，而後來的太監則必須是閹人。早期的宦官可以不是閹人，宦官「悉用閹人」是東漢以後的事情。

　　直到明代，宦官才和太監聯繫起來，那時的太監一定是宦官，而宦官不一定是太監。明代在宮廷中設置了由宦官所領的二十四衙門，各設掌印太監，顯然，太監是宮廷中的上層宦官。在明朝，太監是高級宦官，他們直接管理普通宦官。

　　由於太監是宦官的頂頭上司，因此，如果一個普通宦官能被別人稱為「太監」無疑是件很高興的事情，正如現在的一些人喜歡被別人稱作「領導」一樣。慢慢地，太監就成了對宮中閹人帶有尊敬色彩的一個稱謂。

　　到了清朝，二者有了更緊密的聯繫，侍奉皇帝和皇族的宦官都被冠以太監之稱，宦官制度也被取消了。

「朕」和「萬歲」
最早跟皇帝沒有關係

電影電視劇時有這樣的情景：皇帝自稱「朕」，臣子則呼皇帝位「萬歲」。這讓人不禁以為，「朕」就是皇帝的自稱，「萬歲」是臣子對皇帝的專稱。事實上，「朕」和「萬歲」最早都與帝王沒有關係。

我國最早一部解釋詞義的專著《爾雅・釋詁》說：「朕，身也。」在先秦時代，「朕」是第一人稱代詞，是「我」的意思，不分尊卑貴賤，人人都可以自稱「朕」。

另外，「朕」也有「我的」的意思。顧頡剛、劉起紆兩位先生在《〈尚書・湯誓〉校釋譯論》指出：「朕——甲骨金文中都只作單數第一人稱領格（所有格），即『我的』。」如：《書・舜典》：「汝作朕虞。」意思是：「你做我的掌管山澤的官員。」《大盂鼎》（金文）：「勿廢朕令。」意思是：「不要拋棄我的訓令。」《離騷》：「朕皇考曰伯庸。」意思是：「我的父親叫伯庸。」

據司馬遷《史記・秦始皇本紀》記載：秦嬴政統一天下後，規定：「天子自稱曰朕。」即從秦始皇之後，「朕」才由尋常百姓家飛入了皇宮之中，一去不回頭。「朕」字，自秦始皇開始為皇帝的專用詞，不過也有特例，那就是至尊若皇太后也可以自稱

「朕」。例如《後漢書・和殤帝紀》：「皇太后詔曰：『今皇帝以幼年，茕茕在疚，朕且佐助聽政。』」

秦始皇之前的統治者，相對還比較謙虛，那時的王常常自稱「孤」、「寡人」、「不穀」。「孤」者，謂自己不能得眾也；「寡人」者，「寡德之人也」；「不穀」，穀為食物，可以養人，乃善物，「不穀」即「不善」。

由此可見，在秦始皇之前，統治者至少在表面上遠遠沒有那麼高傲自大。直到秦始皇統一中國之後，隨著封建專制中央集權的發展，統治者的權力增大，「朕」也就應運走上了「唯我獨尊」的不歸路。普通人敢像秦朝前那樣自稱「朕」的話，必定會被定下逆謀大罪。

而「萬歲」一詞，最早可追溯到春秋以前。在《詩經・豳風・七月》中有描寫人們歡慶時的場面的詩句：「躋彼公堂，稱彼兕觥，萬壽無疆。」意思是人們經過一年的辛勤勞作後，舉行歡慶儀式，互相歡呼祝頌。這裡的「萬壽無疆」是人們舉杯痛飲時發出的歡呼語。在西周、春秋時，「萬年無疆」、「眉壽無疆」等是人們常用的頌詞和祝福語，並不是對君王的尊稱。

西周金文中也有很多這類文字，它並不是專屬於天子，而只是一種記述的方式，可以刻在鑄鼎上。比如「唯黃孫子係君叔單自作鼎，其萬年無疆，子孫永寶享」，表示的只是傳之子孫後代，永遠私有之意。而「萬歲」一詞，是這些頌詞、祝福語的發展和簡化。

直到漢初，「萬歲」在人們口中還常常出現，如《史記・廉頗藺相如列傳》記載，藺相如奉和氏之璧入秦，「奏秦王，秦王大喜，傳以示美人及左右，左右皆呼萬歲。」

可見此時的「萬歲」還沒有和君王聯繫起來。在這一時期，

「萬歲」還有另一種意思，即是「死」的諱稱。在《戰國策．楚策》載，楚王遊雲夢，仰天而笑曰：「寡人萬歲千秋後，誰與樂此矣？」《史記．高祖本紀》：「吾雖都關中，萬歲後吾魂魄獨樂思沛。」

「萬歲」成為皇帝的專用，是漢武帝規定下來的。

滿武帝時，「罷黜百家，獨尊儒術」，「萬歲」被儒家定於皇帝一人，從此「萬歲」成了皇帝的代名詞，只有對皇帝才能稱「萬歲」，表達極其讚賞、崇拜的感情。

還有一個細節，大家可能沒有注意到。在看朝廷劇時，電視下方打出來的字幕有「三呼萬歲」，也有的是「山呼萬歲」，那到底哪一個是正確的呢？

據《漢書．武帝本紀》記載：「元封元年春，武帝登臨嵩山，隨從的吏卒們都聽到山中隱隱傳來了三聲高呼萬歲的聲音。」所以「山呼」又稱「嵩呼」，在現代人看來，這不過是回聲而已，可是後世的統治者卻把這事看成是吉祥的兆頭，於是把「山呼萬歲」定為臣子朝見皇帝的禮儀，稱作「山呼」。

在《元史．禮樂志》裡，對「山呼」的儀式有更詳細的記載：凡朝見皇帝的臣子跪左膝，掌管朝見朝廷的司儀官高喊「山呼」，朝見的人叩頭並應和說：「萬歲！」司儀官再喊「山呼」，朝見的人還是如此這般。最後司儀官高喊：「再山呼！」朝見的人再叩頭，應和說：「萬萬歲！」

「三教九流」並無貶義

「……有賣狗皮膏藥的，有賣跌打藥的，擺地攤的，算命的，等等，純粹是個三教九流、五花八門的自由市場。」這是從某篇文章中截取的一段話，但也從一定程度上表明老百姓對「三教九流」的看法。

提到「三教九流」，人們都聯想到舊社會闖蕩江湖，從事一些不是很正當的行業的人。其實，這是受明清白話小說的影響，把一個中性詞誤解成了貶義詞。

實際上，「三教九流」是對人的地位和職業的劃分標準，最早始於商周時期。

其中，「三教」指的是儒教、佛教、道教。

「三教」排列順序的先後，始於北周建德二年（公元573年）。《北史·周高祖紀》：「帝（武帝宇文邕）升高座，辨釋三教先後，以儒教為先，道教次之，佛教為後。」

「九流」的說法最早見於《漢書·藝文志》，這九個學派是指儒家、道家、陰陽家、法家、名家、墨家、縱橫家、雜家、農家。其實書中收錄了諸子189家，但最重要的還數這九家。後來，「九流」被用來代表社會上的各行各業，在「九流」中，又分為「上九流」、「中九流」、「下九流」。

值得一提的是，因為國家在不斷地改朝換代，各行業、階層的地位也在不斷地發生變化。就是說，除了三教沒爭議外，九流

的標準一直在發生改變，如以下兩個不同時代的版本：

〔版本一〕

「上九流」是：帝王、聖賢、隱士、童仙、文人、武士、農、工、商。

「中九流」是：舉子、醫生、相命、丹青（賣畫人）、書生、琴棋、僧、道、尼。

「下九流」是：師爺、衙差、升秤（秤手）、媒婆、走卒、時妖（拐騙及巫婆）、盜、竊、娼。

〔版本二〕

上九流：一流佛祖二流天，三流皇上四流官，五流閣老六宰相，七進八舉九解元。

中九流：一流秀才二流醫，三流丹青四流皮（皮影），五流彈唱六流卜（卜卦），七僧八道九棋琴。

下九流：一流高台（唱戲）二流吹，三流馬戲四流推（剃頭），五流池子（北方的澡堂子）六搓背，七修八配（給家畜配種）九娼妓。

這種變更的情況就如同「演員」和「教師」這兩個職業一樣，在舊社會，「演員」被人稱「戲子」，「教師」則更有「臭老九」之稱；如今，他們的社會地位都提高了，變成時下的熱門行業。

了解「三教九流」的來龍去脈，我們就會明白它只是一個對人群的劃分標準，沒有什麼貶義。

狗從不曾咬過呂洞賓

在做了好事後不僅沒有得到對方表揚，還被對方責怪時，很多人都喜歡說「狗咬呂洞賓，不識好人心」，有點怪對方像狗一樣不知道我是好心的意思。但是，其實「狗咬呂洞賓」原本是「苟杳呂洞賓」，與狗無關。

傳說呂洞賓在成仙前原是個讀書人，因為參加兩次考試都未中舉，所以從此以後再也不願意讀書，就依靠祖輩留下的家產，會客訪友，遊山玩水，過著逍遙自在的日子。

當時，呂洞賓有個同鄉好友叫苟杳，家境十分貧寒。呂洞賓很同情他，與他結為金蘭，並請他到家中居住，希望他能刻苦讀書，以後有個出頭之日。

後來，有位姓林的朋友來呂洞賓家裡做客，見苟杳一表人才、讀書用功，便想把妹妹許配給苟杳。

呂洞賓怕耽誤了苟杳的前程，連忙推托，但苟杳得知後便動心了，就跟呂洞賓表示同意這門親事。

沒想到呂洞賓卻說：「林家小姐貌美賢惠，賢弟同意我也不好阻攔，但是成親之後，得讓新娘子先陪我睡三宿。」苟杳聽後很不能接受，但是思前想之後，還是咬牙答應了。

苟杳成親這天，呂洞賓喜氣洋洋，而苟杳卻無臉面見人，乾脆躲到一邊去了。

晚上，新娘子頭蓋紅紗，倚床而坐。呂洞賓進了洞房，也不

說話，只管坐到桌前燈下，埋頭讀書。林小姐等到半夜，丈夫還是不上床，只好自己和衣睡下。天明醒來，丈夫早已不見，一連三夜都是這樣。

苟杏好不容易挨過了三天，剛進洞房，就見娘子正傷心落淚，連忙上前賠禮。林小姐只管低頭哭著說：「郎君，為何三夜竟不上床同眠，只對燈讀書，天黑而來，天明而去？」

這一問，讓苟杏目瞪口呆，半天，他才醒悟過來，仰天大笑，原來是哥哥怕我貪歡，忘了讀書，用此法來激勵我。哥哥用心，可謂太狠心啊！

幾年後，苟杏苦讀有成終於金榜題名了，於是與呂洞賓一家灑淚而別，赴任去了。

一晃八年過去了，這年夏天，呂洞賓家不慎失大火，所有家產都化成灰燼。

呂洞賓只好用殘留的破瓦爛磚搭了一間茅草屋，和妻小在裡面躲風避雨，日子十分艱難，於是決定去找苟杏幫忙。

呂洞賓一路上歷盡千辛萬苦，終於到了苟杏府上。苟杏對呂洞賓家遭大火的事非常同情，並熱情招待他，可就是不提幫忙的事情，住了一個多月，一分錢也沒有給呂洞賓。呂洞賓以為他忘恩負義，一氣之下走了。

回到家裡，呂洞賓發現家裡已經蓋了新房，很是奇怪。剛要邁進家門，突見大門兩旁貼著白紙，知道家中死了人，大吃一驚，慌忙走進屋內，見屋內放著一口棺材，妻子披麻戴孝，正在號啕大哭。呂洞賓愣了半天，才輕輕叫了一聲娘子。

妻子回頭一看，驚恐萬狀，顫顫抖抖地叫道：「你，你是人還是鬼？」

呂洞賓更覺詫異，問：「娘子，何出此言？我好好地回來

了，如何是鬼呢？」

娘子端詳了好久，才認出真是呂洞賓說：「嚇死我了！」

原來，呂洞賓走後不久，就有一幫人來幫他蓋房子，蓋完房子就走了。前天中午，又有一大幫人抬著一口棺材進來了，他們說呂洞賓在苟杳家病死了。

呂洞賓一聽，便知道是苟杳玩的把戲。他很生氣，操起一把大斧把棺材劈成兩半，卻見裡面全是金銀珠寶，上面還有一封信，寫道：「苟杳不是負心郎，路送金銀家蓋房；你讓我妻守空房，我讓你妻哭斷腸。」

呂洞賓看完信如夢初醒，他苦笑了一聲：「賢弟，你這一幫，可幫得我好苦啊！」

從此，呂苟兩家倍加親熱，這就是俗話常說的「苟杳呂洞賓，不識好人心。」

後來，因為「苟杳」和「狗咬」同音，傳來傳去便成了「狗咬呂洞賓，不識好人心」了。

「衣冠禽獸」是誇人

提起「衣冠禽獸」一詞，想必很難有人對這四個字產生好感，通常這個成語都是用來指道德敗壞的人，說某些人徒有人的外表，穿著人的衣服，卻幹著禽獸不如的壞事。

其實，在最初，這個成語原意並非如此。「衣冠禽獸」源於明代官員的服飾，在當時，「衣冠」作為權力的象徵，受到統治階級的重視，在官服上繡以飛「禽」走「獸」，來顯示文武官員的等級。等級制度在官服上就體現出來了。

據明、清兩史的《輿服志》記載，文官官服繡禽，武官官服繪獸，而且等級森嚴，不得逾越。「衣冠」上的「禽獸」與文武官員的品級一一對應。

具體規定是：文官一品繡仙鶴，二品繡錦雞，三品繡孔雀，四品繡雲雁，五品繡白鷳，六品繡鷺鷥，七品繡鴛鴦，八品繡黃鸝，九品繡鵪鶉。

武官一品、二品繪獅子，三品繪虎，四品繪豹，五品繪熊，六品、七品繪彪，八品繪犀牛，九品繪海馬。

文武官員一品至四品穿紅袍，五品至七品穿青袍，八品和九品穿綠袍。

只有官員才能穿上描禽畫獸的官服，享受一定的待遇，自然與平民百姓不同，所以，「衣冠禽獸」是一個褒義詞，帶有老百姓的羨慕眼光。

其作為貶義詞，最早是出現在明末陳汝元所寫的《金蓮記》一書中。因為在明朝中晚期，宦官專權，官場腐敗，文官愛錢，武將怕死，欺壓百姓，無惡不作，聲名狼藉，老百姓民不聊生，將穿著官服的人視為匪盜瘟神。

於是，「衣冠禽獸」一語開始具有了貶義，老百姓將為非作歹、道德敗壞的文武官員稱為「衣冠禽獸」。

183

「鴛鴦」非夫妻

　　人們對鴛鴦並不陌生，牠在人們心目中一直是夫妻和睦相處，愛情永恆的美好象徵。傳說中認為鴛鴦一旦結為配偶，便游則並肩、飛則比翼、睡則交頸，即使一方不幸死亡，另一方也不再覓新的配偶，而是孤獨淒涼地度過餘生。

　　於是，鴛鴦常被詩人寫入詩中，從而留下「鴛鴦相對浴紅衣，短棹弄長笛」、「梧桐半死清霜後，頭白鴛鴦失伴飛」等無數動人的佳句。

　　其實，「鴛鴦」最初並非喻指夫妻，而是用來比喻兄弟之間的友好、親密。

　　《文選》中有一篇《蘇子卿詩四首》，其中第一首有詩云：「昔為鴛和鴦，今為參與辰（指天空中的兩個星名）。」而從「骨肉緣枝葉」、「況為連理樹」等詩句來看，這顯然是一首兄弟之間的贈別詩。

　　另外，晉朝的鄭豐有《答陸士龍》詩四首，其中第一首《鴛鴦》的序文中說：「鴛鴦，美賢也，有賢者二人。雙飛東岳，揚輝上京。」很明顯，這裡的鴛鴦是比喻陸機、陸雲兄弟二人。

　　三國時代魏國人嵇康曾經寫過《贈兄秀才入軍》的詩，也是用鴛鴦來比喻兄弟和睦相處、友好無比的。而再上溯到《詩經·小雅》其中「鴛鴦于飛」的句子，也不是比喻夫妻的。

　　那麼，從何時起，鴛鴦才成為美麗忠貞愛情的化身呢？

　　據考證，以鴛鴦比作夫妻，最早出自唐代詩人盧照鄰《長安古意》一詩，詩中有「願做鴛鴦不羨仙」一句，讚夫妻之間美好的愛情，當時的文人覺得十分形象有趣，便紛紛效仿。

　　漸漸地，鴛鴦便成為夫妻的代名詞。

　　然而，鴛鴦真的是情篤、情深的楷模，一生不離不棄的「愛情鳥」嗎？

　　科學家觀察到，鴛鴦只是在繁殖期建立固定的配偶關係，的確，從表面上是親密相處、形影不離，而實際上，產卵、孵化、育雛都是雌鳥單獨承擔。雄鳥自「交配」以後，恰似「花花公子」一樣，逍遙自在，各處遊玩，把繁育後代的事情一股腦兒地都推給了雌鳥。

　　另外，一旦有一方死去，另一方也不會「守節」，而會再行找新對象去婚配。

　　而且，一隻身強力壯、繁殖力強的雄鴛鴦，往往同時佔有幾隻雌鴛鴦，而體弱的雄鴛鴦常常被排斥趕走，因得不到配偶而被淘汰。

　　原來，自然界中的鴛鴦並非想像中那樣美好。

「千金」不是女子

　　「千金」一直是對寶貝女兒的愛稱，如果某人的妻子生下一個女兒，我們便要恭喜他們「獲得千金」。一個美麗乖巧的女兒，在父母的眼裡，是掌上明珠，無異於價值千金。

　　在中國古代「金」不是指金子，而是黃銅，當時黃銅十分稀有，「物以稀為貴」，同時「金」又作為當時重要的貨幣單位，所以「千金」實為「銅千金」，這並非實指，只是極言其珍貴。

　　只不過，令我們沒想到的是，「千金」這一詞兒，最初竟然是用來稱呼男子的。

　　據《史記・越王勾踐世家》記載：范蠡之子因殺人而犯死罪。范說：「吾聞千金之子，不死於市。」意思是說富貴人家的子弟，不能讓他在鬧市受戮，因而以重金為之贖命。可以看出，在春秋時期，「千金」是作為富家子弟之稱的。

　　發展到南北朝時，「千金」也仍指男子，並未發生改變，如《南史・謝朏傳》中記載了一個小故事：

　　南朝梁司徒謝朏幼時聰慧，十歲就能賦詩，特受父親謝莊喜愛，常把他帶在身邊。他也非常爭氣，人們都稱呼他為「神童」。有一次隨父親遊山，受命作遊記，提筆便成，文不加點。宰相王景文對謝莊誇他：「賢子足稱神童，復為後來特達。」謝莊也手扶兒子的背說：「吾家有千金。」

　　這一「千金」的用法一直延續了兩千多年，直到元代才發生

了改變。

在元代曲作家張國賓的雜劇《薛仁貴榮歸故里》裡這樣一句話：「你乃是官宦人家的千金小姐，請自便。」

後來在明清時期的一些擬話本和小說中，稱女孩兒為「千金」的情況就更普遍了。如《紅樓夢》第57回，薛姨媽笑說史湘雲：「真是個侯門千金。」

漸漸地，人們都用「千金」來稱呼女孩了，「千金」體現了父母對女兒的愛，也彰顯出女孩的高潔與尊貴。

「無毒不丈夫」實為「無度不丈夫」

在看影視劇時，有這樣一個鏡頭會給觀眾留下深刻的印象：一個陰險惡毒的男子在說完「無毒不丈夫」這句話後，就「光明正大，堂堂正正」地去做壞事了。

你可能挺納悶：大丈夫就必須心狠手辣嗎？難道「敢笑黃巢不丈夫」這句話，是在笑話黃巢還不夠「毒」嗎？

其實，這句話是被以訛傳訛，事實並非如此。

原來，這句話的原形是「量小非君子，無度不丈夫」。度，是儒家很重視的思想，講究掌握做事的分寸，在過和不及之間，要求君子善於審時度勢。不能做到「審時度勢」的人不能稱為「丈夫」，這裡的「丈夫」，是有遠見卓識、胸懷寬廣的「大丈夫」之意。

「無度不丈夫」中的「度」和「量小非君子」中的「量」合起來恰成「度量」一詞，其本意有如「宰相肚裡可撐船」一詞的意思，指的是一個人的寬闊氣度。

這本是一句寓意深刻，旨在培養人們度量、容量的好格言，怎麼會轉變那麼大呢？

這要從古時候文人的習性說起。在這副對聯式的諺語裡，「度」為仄聲字，犯了孤平，念著彆扭，很容易讀為平聲字「毒」。在格律至上的年代，「出」律是不能容忍的，便把這句改為「無毒不丈夫」了。於是這句話，終於成了典型的「信言不

美，美言不信」的例句，成了迂腐文人筆下的又一個犧牲品。「量小非君子，無度不丈夫」，原話裡一個君子對一個丈夫，一個度對另一個量，本來是很完美的，可經過上千年的以訛傳訛，竟成了「無毒不丈夫」這句現在我們掛在嘴邊的口頭禪。

　　對子很工整了，意思卻已大變，文人們削足適履的做法，讓人們誤會了它千百年。

「公主琵琶」指的並非王昭君

白日登山望烽火，黃昏飲馬傍交河。
行人刁抖風沙暗，公主琵琶幽怨多。
野營萬里無城郭，雨雪紛紛連大漠。
胡雁哀鳴夜夜飛，胡兒眼淚雙雙落。
聞道玉門獨被遮，應將性命逐輕車。
年年戰骨埋荒外，空見葡萄入漢家。

　　看了這首李頎的《古從軍行》之後，很多人都以為「公主琵琶幽怨多」指的是王昭君。因為據說王昭君曾被冊封為公主，而且最擅彈琵琶，並且她的故事流傳千古，為大多數人所熟知。其實，中國歷朝歷代和親的公主成百上千，又何止王昭君一個？

　　只是，很多和親的公主都被湮沒於浩瀚的歷史煙塵之中。這首詩裡的公主也是一位遠嫁的漢朝公主，這位公主不僅有美麗的名字，還有美麗的容貌，在《漢書・西域傳》裡還有關於她的一些記載。

　　她叫劉細君，江都王劉建的女兒。元封六年（公元前105年），漢武帝封其為公主，遠嫁烏孫國王昆莫獨獵驕靡，為右夫人。婚禮的風光並不能掩蓋政治聯姻的實際用意，儘管此時的西漢王朝已相當強盛，經過大將軍衛青、霍去病的徹底打擊，匈奴已經遠離漠北，可是漢武帝仍不得不採用懷柔兼武力的辦法積極

打通西域各國，聯合防禦匈奴，烏孫國就是主要的爭取對象。

《漢書·西域傳》記載：「烏孫國，去長安八千九百里……不田作種樹，隨畜逐水草，與匈奴同俗。民剛惡，貪狼無信，多寇盜，最為強國。漢元封中，遣江都王建女細君為公主，以妻焉。賜乘輿服御物，為備官屬宦官侍御數百人，贈送甚盛。」

就這樣，一枝深宮裡的牡丹注定要在西域的浩渺風沙中搖曳，沒有人眷顧她有多麼的嬌弱無助，沒有人思量她有多麼的戀戀不捨，滿朝文武都在讚頌天子高瞻遠矚的英明決策。面對父母之邦的冷漠，細君公主只有將哀怨拋向蒼涼的大地。

不過，她留下了她的琵琶，還有她的幽怨，讓史書枯澀的記載變得鮮活生動起來。

相傳，細君精通音律，妙解樂理，樂器琵琶創製的直接原因，就是細君遠嫁烏孫。晉人《琵琶賦·序》云：「漢遣烏孫公主，念其行道思慕，使知音者裁琴、箏、築、箜篌之屬，作馬上之樂。」

唐人《樂府雜錄》中記載：「琵琶，始自烏孫公主造。」

《漢書·西域傳》裡抄錄著她的悲歌：「吾家嫁我兮天一方，遠托異國兮烏孫王。穹廬為室兮旃為牆，以肉為食兮酪為漿。居常土思兮心內傷，願為黃鵠兮歸故鄉。」

這首詩傳到漢地，連漢武帝也感慨萬千，於是時常派特使攜帶珍貴禮物去慰問細君，想必細君只有一聲嘆息，慘然苦笑，金銀珠寶怎抵思鄉情深？

細君遠嫁的第二年昆莫獵驕靡就死了，其孫岑陬軍須靡繼位。按照西域風俗，新國王將繼承前任國王的妻妾。細君上書漢武帝，表示自己不願再嫁他人，而天子卻赫然命令「從其國俗，欲與烏孫共滅胡」。

自始至終，細君雖名為公主，但終究只是一枚任人擺布的棋子，為了大一統這個冠冕堂皇的理由，作為政治的祭禮，犧牲著自己的青春年華。細君公主在大漠悄然隕落了，她只能祈禱她的靈魂能夠回歸故鄉，實現那個「願為黃鵠兮歸故鄉」的夢想。

　　細君死後，另一位漢朝公主劉解憂嫁到烏孫國，延續著親善的使命。解憂公主在烏孫生活了半個多世紀，共嫁兩代三任國王，生育多個子女。後來，烏孫國內幾經離亂與統一，國勢日下，公主上書，「願得歸骸骨，葬漢地。天子閔而迎之，是歲，甘露三年也。時年且七十，賜以公主田宅、奴婢，奉養甚厚，朝見儀比公主」兩年後，解憂公主死，終年72歲。解憂歸漢後，又過了18年，才有盡人皆知的昭君出塞的故事。

　　我們讀歷史，對許多英雄人物熟記在心，如衛青、霍去病、李廣等，我們讀慣了「但使龍城飛將在，不教胡馬度陰山」，但念一念「公主琵琶幽怨多」，也別有一番滋味在心頭。

　　畢竟，蜿蜒綿長的國界線，不僅流淌著男人的血，也曾經流淌著女人的淚。

「王八烏龜」怎麼得罪了中國人

「戊戌變法」時期，志士王照就漢語拼音化問題與當時有名的快嘴先生吳敬恆發生爭執。王照雖然並不口拙，但與吳敬恆的嬉笑怒罵尖酸刻薄比起來，只有挨說的份兒，於是心中一著急，就罵了句「王八蛋」。

誰知吳敬恆眉開眼笑，眼珠一轉，笑嘻嘻地道：「鄙人不姓王！」一句話就叫王照啞口無言，自己給自己虧吃。從此以後，「王八蛋」的罵語就傳遍了大江南北。

其實，用「王八」作為罵語古已有之。最早用「王八」罵人的，當是五代十國的前蜀國開始。相傳前蜀國有一人名為王建，年輕時乃是個無賴之徒，專門從事偷驢、宰牛、販賣私鹽的勾當。由於王建在兄弟姊妹中排行第八，所以同鄉人都叫他「賊王八」。後來人們就以王八來罵人。

另有一種說法認為，王八應作「亡八」或「忘八」。「八」指代「孝、悌、忠、信、禮、義、廉、恥」，忘此八者，無恥之徒，諧音也就是「王八」了。

不管「王八」一詞的來源出自哪裡，可以見得的是此語不是好話，乃用來折損別人顏面的詞彙，但與烏龜這種動物並沒有關係，不過「王八蛋」作為罵人的話，卻是與烏龜有關，與「王八」無關了。

究竟烏龜哪裡得罪了中國人？這要從烏龜為什麼被稱為「王

八」開始說起。古人在畫龜時，由於烏龜殼的紋比較複雜，不易勾勒，所以採用畫橫豎來表示，這些線條剛好形成一個「王」字。加之畫者描繪龜腳呈「八」字形狀，於是人們便以「王八」作為烏龜的別稱。

在中國傳統圖騰當中，四方北圖騰為玄武，乃烏龜與蛇的結合體，因而烏龜與蛇生下的蛋便被稱為「王八蛋」。

俚俗認為，男女雙方是為夫妻，女方如果偷情有孕，就像烏龜不與烏龜生蛋，而與蛇結合一樣，女子生下來的孩子就被叫做「小王八蛋」，戴綠帽子的男子就被戲謔地成為「王八」。

其實圖騰為圖騰、王八是王八、烏龜叫烏龜，與俚俗的罵語本來無關，只是人們牽強附會，才硬是將三者拉到一塊兒，把烏龜連累一番，不得不作為罵人的動物存在下去。

皇帝的女兒不全叫「格格」

自瓊瑤的《還珠格格》搬上螢幕後，令「格格」一詞再度深入人心。人們深刻地確認，滿人的公主、郡主均已「格格」為稱呼，實則這卻是一個美麗的誤會，是許許多多關於清朝的電影電視劇誤導了人們對「格格」一詞的認知。在實際的歷史當中，清皇帝的女兒並不叫格格。

「格格」原為滿語的譯音，譯成漢語就是小姐、姐姐之意。清朝的前身——後金初年，大汗（當時的皇帝還叫大汗）的女兒、貝勒的女兒或者是一些未出嫁的女子被呼為「格格」。

例如，清太祖努爾哈赤的長女稱「東果格格」，次女稱「嫩哲格格」。清太宗皇太極繼位後，於崇德元年（1636年），開始仿效明朝制度，皇帝女兒開始稱為「公主」，並規定皇后（即中宮）所生之女稱「固倫公主」，妃子所生之女及皇后的養女稱「和碩公主」。

《清史稿》中有明確的規定：「公主之等二：曰固倫公主，曰和碩公主。」滿語「固倫」為天下的意思，皇帝為九五之尊，所生的女兒自然得配「固倫」二字，也並非所有的公主都能有「固倫」的名號，只有皇后所生的女兒才能受封為固倫公主，其餘的嬪妃們所生的女兒自然應該列入第二等，受封為和碩公主。固倫公主和和碩公主分別代表地位的高低。

而《還珠格格》電視劇裡提到的小燕子和紫薇，前者與皇帝

沒有血親關係，因為有功於國家，所以被視作養女；後者是皇帝在民間的私生女，而紫薇的母親夏雨荷也沒有正式嬪妃的封號，可視為庶出。二女可得的是「和碩公主」的封號，享受和碩公主的待遇，不應降級為格格。

事實上，「格格」是專門用來稱呼王公貴胄的女兒。順治十七年（1660年），始把「格格」分為五等：

1. 親王之女，稱為「和碩格格」，漢名為「郡主」；
2. 世子及郡王之女，稱為「多羅格格」，漢名為「縣主」；
3. 多羅貝勒之女，亦稱為「多羅格格」，漢名為「郡君」；
4. 貝子之女，稱為「固山格格」，漢名「縣君」；
5. 鎮國公、輔國公之女，稱「格格」，漢名「鄉君」；
6. 鎮國公、輔國公以下的女兒，都稱之為宗女。

「格格」之稱一直沿用至清末民初之際，才漸漸終止。由此可見，現在影視劇中把皇帝之女稱為「格格」是不準確的。

自稱「奴才」地位高

　　細心的觀眾在看《鐵齒銅牙紀曉嵐》時可能會發現，和珅在皇帝面前自稱「奴才」，而紀曉嵐卻自稱「臣」，為什麼會有不同呢？會不會是編導按劇情的需要故意醜化和珅呢？

　　按現代人的眼光，「奴才」的地位肯定要比「臣」的地位低，但是，和珅是滿族人，紀曉嵐是漢族人，在當時的歷史情況下，漢人應比滿族人地位低，這是怎麼回事，難道編導弄錯了？

　　很久以前，「奴才」一詞，本是古代北方遊牧民族的一句罵人話，意為無用之人，只配為奴，故又寫作「駑才」，當時中原並沒有這種說法。

　　「奴才」一詞，雖含鄙意，卻在清朝典章制度上有著一個特殊的位置。清朝規定，給皇帝上奏章，如果是滿臣，便要自稱「奴才」；如果是漢臣，則要自稱「臣」。漢臣如果自稱為「奴才」就算是「冒稱」，就是說，漢人稱自己為「奴才」是不夠資格的。

　　在乾隆三十八年，滿臣天保和漢臣馬人龍共同上了一道關於科場舞弊案的奏折，因為天保的名字在前，便一起稱為「奴才天保、馬人龍」。乾隆皇帝看到奏折後，大為惱火，斥責馬人龍是冒稱「奴才」。

　　於是，乾隆帝作出規定：「凡內外滿漢諸臣會奏公事，均一體稱『臣』。」這個規定，目的就是不讓漢臣稱「奴才」，為

此，寧肯讓滿臣遷就漢臣也稱「臣」。

滿洲人入關前，大體處於奴隸制向封建制過渡的社會，雖然佔據了中原，但奴隸制的胎記並未完全退去。即使到了晚清，滿洲人內部仍保持著很濃厚的奴隸制習氣，主奴之間等級森嚴。

這個習慣反映到典章制度上，便是滿臣奏事時要自稱「奴才」。滿臣自稱「奴才」，不僅表示自己是皇帝的臣子，更表示自己是皇帝的家奴；而漢臣則沒有滿洲人傳統的主奴關係，所以也就只有臣子的身分，也就不能稱「奴才」。正因為這個原因，馬人龍奏事時自稱了「奴才」，便被認為是冒稱。

原來，在滿人的眼裡，「奴才」要比「臣」金貴得多。「奴才」，實際是一種滿洲人主奴之間的「自家稱呼」，非「自家人」的漢人是沒有資格這樣稱呼的。

魯迅先生的雜文《隔膜》裡的一段話，也印證了這個問題，他說：「滿洲人自己，就嚴分著主奴，大臣奏事，必稱『奴才』，而漢人卻稱『臣』就好。這並非因為是『炎黃之冑』，特地優待，賜以佳名的，其實是所以別於滿人的『奴才』，其地位還下於『奴才』數等。」

理解了兩者之間的差別，才能更深刻地理解那段歷史。幸好，「奴才」之類的詞，已經退出了歷史的舞台。

「坐懷不亂」是千年的美麗謊言

　　古人以「坐懷不亂」一詞，形容男子在兩性關係方面作風正派。所謂的「坐懷不亂」者，指的便是春秋時期魯孝公之子公子展的後裔柳下惠。事實上，「柳下」是他的食邑，「惠」則是他的諡號，所以後人稱他「柳下惠」。

　　柳下惠曾被孟子尊稱為「和聖」，因其道德學問深厚，名滿天下，在當時受到很多名門貴族的推崇。有一段時間，柳下惠任魯國大夫，後來遭人排擠，仕途蹭蹬，遂隱遁成為「逸民」。有許多貴族招攬他，但都被他拒絕。

　　《孟子》曾記載過他不再出仕的理由：「直道而事人，焉往而不三黜？枉道而事人，何必去父母之邦」言下之意是說，自己在魯國之所以屢被黜免，是因為堅持了做人的原則，如果不改原則，到了哪裡都會遭到黜免。倘若真的可以委曲求全，何必捨近求遠，在魯國就能夠得到榮華富貴。

　　柳下惠如此德行，自然深受諸子推崇，也正因為其品德謙厚，對禮學深有研究，於是在《詩經·小雅·巷伯》的西漢毛亨傳本裡，記載了這樣一段與柳下惠有關的故事：

　　魯國有男子名為顏叔子，獨居一室，鄰居獨居一寡婦。一天夜裡，暴風雨大作，寡婦的房子被摧毀，遂來到顏叔子這裡請求庇護。顏叔子不讓婦人進門，婦人問何故？顏叔子說：「我聽說男女不到六十歲不能同居一室。如今我年紀輕輕，你亦如此，我

怎可放你進來。」婦人說：「你為何不像柳下惠那樣，用身體溫暖來不及入門避寒的女子，而別人也不認為他有非禮行為。」男子說：「柳下惠可以開門，我不能開門。所以我要以『不開門』來效仿柳下惠的『開門』」。

看罷該則典故，人們應當發現，柳下惠「坐懷不亂」是從西漢學者毛亨傳《詩經》的本子中提及的，且「坐懷不亂」典故出於顏叔子之口，而真正的春秋時期並沒有關於柳下惠「坐懷不亂」的實際記載。直到元時的胡炳文（1250～1333年）在《純正蒙求》卷上才記錄道：「魯柳下惠，姓展名禽，遠行夜宿都門外。時大寒，忽有女子來托宿，下惠恐其凍死，乃坐之於懷，以衣覆之，至曉不為亂。」

從春秋到元代，時隔一千五六百年的時光，縱觀整個春秋史，根本沒有柳下惠「坐懷不亂」之說，及至西漢始有提及，元代方才形成真正的故事。原來人們對柳下惠在男女關係上正派的想法竟是一個天大的誤會。

那麼，究竟是誰杜撰了柳下惠「坐懷不亂」的故事呢？有人認為，元人應當是受了宋代程朱理學「存天理，滅人欲」的影響，為了彰顯儒家傳統道德，教育世人潔身自好，所以借古人作話題。而柳下惠因為是古代著名的道德學者，素有「以禮治邦」「執法以平」「治國以德」的美名，再加上西漢毛亨傳《詩經》本中提到了柳下惠的有關內容，自然就被元人拿來大大地誇張一番。不過，西漢的毛亨作為著名的訓詁學者，為何也會講柳下惠「坐懷不亂」呢？

或許，是柳夫子高貴品行給了世人過多美好的想像，才造成了後世諸多的誤解，不過這個誤解尚算理想，也算是評價男子品性的標準之一。

古俗篇

凡塵俗事乃生活

十二生肖產生之謎

　　十二生肖，就是指人們的所生年份對應的十二生相，它由十二種動物同十二地支相互搭配，包括：子鼠、丑牛、寅虎、卯兔、辰龍、巳蛇、午馬、未羊、申猴、酉雞、戌狗、亥豬。哪年出生的人，哪種動物即是他的屬相。我國關於生肖的文字記載最早見於東漢王充的《論衡》中。

　　《論衡‧物勢》載：「寅，木也，其禽，虎也。戌，土也，其禽，犬也。……午，馬也。子，鼠也。酉，雞也。卯，兔也。……亥，豕也。未，羊也。丑，牛也。……巳，蛇也。申，猴也。」

　　早在遠古時代，我們的祖先就根據自身的需要和對動物的認知程度，選擇了馬、牛、羊、雞、狗和豬這六種動物進行馴化，經過長時間的演變，逐漸把牠們變成家畜，被統稱為「六畜」。在中國人的傳統觀念中，「六畜興旺」代表著五穀豐登，因此「六畜」被選入十二生肖也就順理成章了。除了被馴化的「六畜」，還有一些野生動物與人們的生活有著緊密的聯繫，這些野生動物裡既有人們喜愛的兔、猴，也有人們所厭惡的虎、蛇、鼠。在中國古代，龍、鳳凰、麒麟、烏龜被稱為「四靈」，而龍則被古人視作最吉祥的動物，象徵著富貴吉祥，因此十二生肖中自然也不能缺少龍。

　　作為一種紀年方法，十二生肖如何創立？何時開始？為什麼

用十二生肖與地支配合呢？……種種問題令歷史學家感到費解。
縱觀古籍文獻與考古發現，就十二生肖起源問題歷史學家持有三
種說法：

第一種說法：華夏民族在原始社會圖騰崇拜的影響下，以部
分動物名稱配合抽象的十二地支，創造出了十二屬相。某些動物
還可能來源於古代天文學中對黃道（古人認為太陽圍繞地球運行
一週年所行進的軌道）附近天空的劃分，在分成的12等份（即十
二辰）中，就有巨蛇、蝎虎、飛馬等星座名稱。

第二種說法：漢代以前我國中原地區的華夏族僅有十二地支
紀年法，而北部、西部從事遊牧的少數民族則長期使用動物紀
年。到了匈奴單于呼韓邪（即昭君出塞時的匈奴首領）歸漢後，
民族文化融合，產生了十二屬相。

第三種說法：中國的十二屬相是從印度傳來的。在現行屬相
中，只有第三個和第十個兩者有所不同：第三個屬相，印度是
獅，中國是虎；第十個屬相，印度是金翅鳥，中國是雞。其餘的
都相同，而且排序也一樣。

究竟哪種說法正確，至今沒有形成統一的定論。雖然我們一
直使用這種紀年方法，但是十二生肖之謎還未被破譯。

昆侖奴之謎

　　時光倒退回1000多年前的盛唐，走在繁華的長安大街上，享受著市井的喧鬧，瞻仰著遠古來往人群的面容與舉止。迎面走來一個身材矮小、頭髮捲曲、面龐扁平、鼻寬嘴厚的黑人，這便是「昆侖奴」。

　　為什麼叫「昆侖奴」？

　　作為中國歷史上最繁榮、強盛而開放的唐朝，它同很多國家在外交、文化、人員等方面都有往來和交流。「昆侖」是人們對東南亞及南亞群島的一種廣泛的稱法，那些被傳是作為年貢送往京城長安，或是作為奴僕被掠賣到中國，或跟隨東南亞、南亞使節入華被遺留的黑人大多是從那裡乘船來到大陸的，而黑人又多被唐人買為奴隸，所以人們便稱他們為「昆侖奴」。「昆侖」在中國便逐漸成為一個形容黑人的專有名詞。

　　也有說法認為是由於古人發音的不準確，誤將別的詞發音成「昆侖」，才有了「昆侖奴」的稱呼。這種看法遭到了很多學者的質疑。

　　「昆侖奴」從哪裡來？

　　雖然從古就有寫昆侖奴的傳奇小說《昆侖奴》、京劇傳聞《盜紅綃》，可是直至今天，人們還是驚異當時黑人兀立在一群黑頭髮、黑眼睛的黃人當中。我們不禁要問，他們究竟來自何方？「昆侖奴」不可避免地同「昆侖」聯繫在一起的，「昆侖

奴」來自「昆侖」。而「昆侖」又是哪裡呢？前面已提及到「昆
侖」是對東南亞及南亞地區島嶼的一種稱呼，這種說法已經越來
越普遍，只是有說「昆侖」來自馬來西亞、「昆侖」來自越南、
「昆侖」來自緬甸。

在此種說法之前，人們認為「昆侖奴」來自非洲。然而，它
卻遭到了後世學者的否定，認為同是黑人的「昆侖奴」與非洲的
尼羅格人是有體型上的區別的，他們是尼格里托人，又叫「矮黑
人」。一直到現在，馬來半島以南的諸多島嶼上仍舊散居著這些
類似非洲黑人的部落和種族。

生活在非洲大陸的黑人們不善水性和攀爬山岩，而文學史料
中記載的昆侖奴卻通曉這些技巧，於是越來越多學者認為唐朝時
期的黑人不可能來自遙遠的非洲，而應該是從這片東南亞的群島
而來。

「昆侖奴」的疑惑在我們津津樂道的同時也不斷地糾纏著我
們，甚至有人懷疑「昆侖奴」的真實存在，卻終究沒有個確定的
頭緒。

山西為什麼大院多

　　一部電影《大紅燈籠高高掛》，一部電視連續劇《喬家大院》，把我們的視線遷入了深邃富麗的山西大院。除了我們所熟知的喬家大院之外，在山西還有許多類似這樣的深宅大院：有被譽為「渠半城」的渠家大院；有號稱晉中民居奇葩的王家古宅；有北方近代民居建築的珍品曹家宅院，等等。為什麼山西會有那麼多的大院？

　　山西大院指的是山西境內從明清時期遺存下來的深宅院落，它們各具特色、佈局規則，是古代民俗、倫理和建築的精華。它在總體的佈局上是一個對外自我獨立、相對隔絕，對內自給自足、親近自然與家人的大院環境。由於地處大陸的內部，乾燥的氣候，較為不便的交通，使得山西大院能夠較好的保存下來。

　　大院的誕生同興盛一時的晉商有著必然的聯繫。山西處於中原與北方遊牧民族地區物資交換的要塞，加之地多人少，外出經商成為山西人謀生致富的一種選擇。

　　山西人經商的傳統由來已久，及至明清時期，晉商已成為馳名的中國富幫，達到巔峰。其腳步已經遍及中國海內外，自稱有麻雀的地方就有山西人。隨著山西商人走南闖北、財富越積越多的同時，人們對於故鄉的眷念似乎也越來越濃。那種植根於人心的儒家文化使得這群足跡天下的商賈們在腰纏萬貫後仍然回到故土，大興土木，建造家園。

他們認為只有在故鄉，成功才能得以詮釋；只有發財之後，返回家鄉，置地養家才是一種對成功的追求。

自古以來，住宅又往往是一種身分、財富和權力的象徵。坐擁巨資的晉商們便對修建大院情有獨鍾。

除了山西商人實力強大這一直接的原因之外，政府朝廷寬鬆限定也為山西大院的產生奠定了基礎。明清時期，封建王朝為了籌集軍餉，制訂了一系列有利於商人發展的政策，對商人擴充財富和走向仕途創造了條件。

人們考取科舉，捐納為官，打破了傳統觀念中商人不得為官的習慣。捐得官銜後的富商們，受到宅第的限制也逐漸減少，於是闊大氣派的豪宅也如雨後春筍般冒起。而朝廷對於住宅的規定本身隨著社會經濟的發展也逐漸鬆懈，如到了明代正統十二年的時候，朝廷規定住宅可以無限的加深，也就有了今天我們看到的院裡套院的深宅佈局。

豪華氣派的大院在經歷過歷史的洗滌後，猶如一位滄桑的老者，見證著朝代的更迭變化，它本身也是一本值得品讀的史書。

中國春節放爆竹之謎

中國民間素有「開門爆竹」一說，即在新的一年到來之際，家家戶戶開門的第一件事就是燃放爆竹，以嗶叭作響的爆竹聲除舊迎新。爆竹是中國特產，亦稱「爆仗」「炮仗」「鞭炮」。關於春節放爆竹的緣由，人們有不同的說法。

1.驅逐鬼怪

相傳，古時的人們曾深受一種叫「年」的凶猛野獸的襲擊，每到除夕這天，「年」便會闖入村莊，傷害人們吞食牲畜，使得老百姓們整日驚慌失措。

在一次躲避「年」的出逃過程中，村寨來了一位鶴髮童顏的老人，因為受到村中老婦的幫助，他許諾為人們驅走掉「年」。老人在房門上貼了大紅紙，點了許多火光，使得屋內通亮，還在院內燃燒竹子，發出了「劈劈啪啪」的響聲，「年」一到村莊，看到這個場景，嚇得渾身發抖，狼狽逃離。村民們欣喜若狂，紛紛換上新衣服，張燈結彩，互相道賀。

從此人們一到除夕這天，便仿照著老人的方法，家家戶戶貼紅對聯，燭火通明，燃放爆竹，在敲鑼打鼓中通宵守夜，迎接新春的到來。第二天一早，人們還要走親串友，互相祝賀道喜。從此這一風俗越傳越廣，隨著代代的相傳也就成了今天的過年。

延至今日，除夕放鞭炮的習俗在中國已經有兩千多年的歷

史。南朝梁代宗懍《荊楚歲時記》中記載：「正月一日是三元之日也，謂之端月。雞鳴而起，先於庭前爆竹，以避山臊惡鬼。」

2.庭燎禮儀

庭燎又稱庭照，即人們祭祀的時候，在院子裡把一些蘆葦、松樹、竹子等豎起來，再用麻布纏裹著束成一個草把，再用油來澆灌，最後點燃，照亮整個庭院。認為這樣可以照亮食物，防止意外，保太平。

民間認為春節放鞭炮的習俗就是起源於這種古代的禮儀，宋代袁文《甕牖閒評》中記載：「歲旦燎竹於庭。所謂燎竹者，爆竹也」。宋代的《事物紀原》也有推斷：「爆竹燃草起於庭燎。」然而這種說法卻終究沒有「驅逐鬼怪」來得有吸引力，因此人們也更願意相信除夕之夜放鞭炮是為了闢邪驅鬼。

不管是這千年流傳的迷信說法，還是文獻記載的「庭燎禮儀」，這裡面都寄寓了人們對於平安、吉祥的願景。作為中國的一項傳統習俗，春節放鞭炮是一種熱鬧，一種喜慶，一種對新生活的嚮往。

門神的由來

門神是中國民間流傳較為廣泛的信仰，每逢過年過節，人們便會在門上貼門神像，認為這樣可以闢邪除災，保佑平安。

門神的信仰源自古代的庶物崇拜，也就是我們常說的原始自然崇拜。古時的人們對於大自然缺乏科學認識，常常無法解釋當中出現的諸多現象，便歸咎於鬼神所為，鬼怪存在的說法十分盛行。人們在對鬼怪心存畏懼的同時，也開始通過祭祀神來祈福，保安康。

門在生活當中是非常重要的，它不僅是人們時常出入的地方，也是關乎房屋和人身安全的重要之物。人們害怕鬼怪打破房門，進入房內，殃及自身，於是便產生了對門的崇拜。《禮記》中關於祭祀大典「五祀」的記載，門便是其中之一。

於是，門的保護神——「門神」。也被人們逐漸的形象化和人格化。

相傳，在上古的時候，度朔山上住著名叫神荼和鬱壘兩兄弟，山上有一棵樹蔭如蓋的大桃樹，每天雞叫時分，他們便在桃樹下檢閱夜出遊蕩的百鬼，一旦發現有鬼作惡人間，便會用蘆葦做的繩索將其捆綁起來，扔下山去餵老虎，因此鬼怪都懼怕神荼、鬱壘。於是人們把二人的形象刻在有「五木之精，能制百鬼」之稱的桃木板上，放在自家宅門前來驅邪避禍。

在班固的《漢書·廣川王傳》中記載的門神卻不是神荼和鬱

壘，而是一個叫成慶的勇士，書中寫道：「廣川王（去疾）的殿門上曾畫有古勇士成慶的畫像，短衣大褲長劍。」

到了唐朝，門神的形象被換成了秦叔寶和尉遲恭。《西遊記》中記載：東海龍王為了和一個算命先生打賭，觸犯天條，被玉帝處以斬首之罪，唐朝大臣魏徵是監斬官，龍王托夢向唐太宗求情，太宗答應他在處斬的時候想辦法不讓魏徵前去。第二天，太宗叫魏徵陪他下棋，下著下著，魏徵打了一個盹兒，竟然在夢中將龍王斬了。龍王痛恨唐太宗失言，從此鬼魂不散，日夜在宮外遊蕩，向太宗索命。群臣們知道後，武將秦叔寶和尉遲恭便全副武裝，手拿兵器徹夜守候在唐太宗的房門外，那夜相安無事，太宗大喜，但兩人守門又不是長久之計，於是命人把二人的像畫下來，貼在門上。這個做法逐漸地在民間流傳開來，秦叔寶和尉遲恭便成了家家戶戶祭祀的門神。

之後門神的形象越來越多，但多為武將，如關公、岳飛、龐涓等，人們認為武將經歷過生死戰場，立下過赫赫戰功，更能夠鎮住宅門，驅逐鬼怪。

今天的門神不僅僅是驅魔闢邪的意思，更是一種節日的點綴，洋溢著喜慶的氣息。

過年為什麼要貼春聯

春聯也叫門對、春貼、對聯、對子、桃符等，它以工整、對偶、簡潔、精巧的文字描繪時代背景，抒發美好願望。

春聯源於「桃符」，桃符即在桃木板上刻字，古時的人們掛在門上用來闢邪驅鬼。

《後漢書·禮儀志》中記載「桃符長六寸，寬三寸，桃木板上書『神荼』、『鬱壘』二神。正月一日，造桃符著戶，名仙木，百鬼所畏。」

清代《燕京時歲記》上寫著：「春聯者，即桃符也。」

直到五代時期，書寫神名的桃符才有了春聯的雛形，史書中記載，公元964年的除夕之夜，後蜀的君主孟昶在桃木板上題寫「新年納餘慶，佳節號長春」，這被認為是中國最早的一副春聯。宋朝時春聯仍然叫做桃符，著名詩人王安石就有詩作「千門萬戶曈曈日，總把新桃換舊符。」

此後春聯漸漸地被人們看作是文雅之事，逐漸在文人當中流傳開來，春聯甚至被當作一種禮品來相贈，而此時人們也開始從桃木板上寫春聯演變為在紙上書寫，即「春聯紙」。因為桃木是紅色的，紅色是一種吉祥的象徵，能夠避邪，因此過年時的春聯大多寫在紅色的紙上。

春聯真正的在民間盛行起來是在明朝，桃符一直到了此時才被稱為「春聯」。

《簪雲樓雜話》中：「春聯之設，自明太祖始。帝都金陵，除夕前忽傳旨：公卿士庶家門口須加春聯一幅帝微行時出現。」朱元璋十分喜愛春聯，他在位時，大力提倡春聯，使得春聯的逐漸成為一種習俗。

到了清朝，春聯的發展有了很大的提高，人們更加注重其所寄寓的思想和表達的藝術，於是留下了很多回味無窮的名對佳聯。當時，春聯已經成為一種文學藝術的形式，其種類逐漸增多，如不同行業題寫不同的春聯。春聯還隨著對外文化的交流，逐漸流傳到國外，有些華人移民到外國，也就保留下這種年俗，至今還有貼對聯的習俗。

「福」字為何要倒貼

　　春節貼「福」字是我國由來已久的風俗。每逢新春佳節，家家戶戶都要在屋門上、牆壁上、門楣上、窗子上、車上、商店門貼上大大小小的「福」字，寄託人們對幸福生活的嚮往，對美好未來的祝願。一個「福」字，傳達了多少福：幸福、福氣、福運。

　　清康熙皇帝為祖母孝莊太后「請福續壽」，寫下了震爍古今的「長壽之福」，此福暗含「多子、多才、多田、多壽、多福」，是古今唯一的「五福合一」「福壽合一」之福。孝莊「請福聚福」，康熙則「送福得福」，所以此福被稱為「天下第一靈驗之福」。福中有「康熙御筆之寶」印璽加頂，喻「鴻運當頭、福星高照」之意。

　　「福」的彩頭諸多，含義深廣，不過，也有人對一個現象感到奇怪，為什麼大多數人都喜歡把「福」字倒貼。

　　有人說，倒貼「福」字意味著「福到」，是諧音的祝福法。這個說法得到大多數人的認同，而該說法，也有一個有趣的來源。

　　一次朱元璋在京城街頭微服私訪，正逢過節，他來到城南一處集市上，見不少人在圍觀一幅年畫，年畫上畫著一個赤著大腳的女子，懷抱西瓜。該圖本來是表示農民豐收的喜悅年畫，但朱元璋卻暗道這不是百姓恥笑自己的皇后大腳嗎？因為馬皇后是淮

西人，淮西、「懷西」，這不很明顯嗎？

福字

朱元璋暗暗不快，回宮之後叫人打聽是誰畫的這幅年畫，並將圍觀的人一一糾察。而至於那些沒去圍觀的民眾，朱元璋命人在他們的門上貼一個「福」字。然後命令軍士就到沒貼「福」字的人家去抓人。馬皇后聽聞此事，為了挽救黎民百姓，所以偷偷下令叫全城家家戶戶都貼上「福」字，這樣士兵就無從著手了。不過雖然家家門上都貼了「福」字，但是其中有戶人家不識字，把「福」字倒貼。皇帝大怒，下令要把這家人滿門抄斬。馬皇后急中生智，說：「這家人知道您今日來訪，故意把福字貼倒了，這不是『福到』的意思嗎？」朱元璋一聽樂了，知道馬皇后是在為那家人開脫，不過取義不錯，有好彩頭，便免了那家人的死罪。

重陽簪菊花的由來

重陽節，即每年農曆的九月初九，兩陽相重之時，又叫老人節，因九九同久久重音，重陽節便含有對健康長壽、生命持久的寄寓。一到重陽，人們便會登高、賞菊、插茱萸等，而簪菊花也是其重要的習俗之一。

相傳，中國漢族女子自古就有簪花的習俗，只是在不同的季節會佩戴不同的花朵，生機盎然的春天人們多簪富貴而艷麗的牡丹、芍藥；驕陽似火的夏季多戴清新的石榴花、茉莉花和梔子花；蕭瑟凋敝的秋天人們更偏好素雅挺立的菊花、葵花。到了宋代，不同的節令也會插戴不同的花卉，十五元宵之時戴梅花，端午節佩茉莉，立秋戴楸葉，重陽簪菊花。

菊花又名「延壽客」，重陽簪菊，是人們對長生和延壽的一種希冀。唐朝杜牧有一首詩《九日齊山登高》中寫道「江涵秋影雁初飛，與客攜壺上翠微。塵世難逢開口笑，菊花須插滿頭歸。」可見簪菊花這一風俗的盛行。

重陽節簪菊花在唐朝時就有，

淵明愛菊

其後每代相傳，實為普及。到宋朝時，人們甚至將彩繪剪成茱萸和菊花的形狀相互贈送戴於頭上。此時，不僅僅是女子簪花，有些地方男子也可以戴花，而重陽時分，男女老少都可以簪菊。每到重陽之時，人們攜伴登高，在山間採一朵菊花插於頭上，這俏皮的點綴間無不浸染著對生活熱愛。

　　人們認為菊花不僅可以增壽，還能夠闢邪除災，同重陽插茱萸這一習俗有異曲同工之妙。據傳到了清代，在京城的重陽節，人們常常把是把菊花的枝葉貼在門窗上，這意味著消災招祥，而它便是簪菊花這一習俗的演變。

為什麼中國人對算命情有獨鍾

有人說算命術全是胡說八道、迷信，既然如此，那麼為何能在民間久盛不衰？國學大師南懷瑾說：「中國算命術如果是騙人的，那麼它欺騙了中國人三千多年，而且騙的是最聰明的人，世上有這麼高明的騙術，也是值得研究的。」

其實，算命有一定的理論根據。中國的四柱推命、周易六爻、紫微斗數、看相等算命之法，以萬物的生長規律和天人合一的理論為基礎。它們的每一個基本概念，每一個推命依據的背後，都包含著一個深刻的人生哲理。也就是說，算命術中的命理其實就是人事的事理，它所包含的天道其實也就是人道。而且，更讓人驚嘆的是，算命術總是能夠將這些人事的道理公理化、定理化以及概念化，然後用陰陽五行、干支、數字、符號、圖等將它們聯繫起來，從而使似乎根本無法把握的人的命運和事件的結局能夠通過測算而得以預知。雖然這些聯繫的依據常常讓人摸不著頭腦，不過這些聯繫仍然都是有理可循的，只要悟出一點，對於算命術的科學性的認識就會深刻一點。

算命不僅有一定的準確性，而且應用範圍很廣。

1.政治

封建統治者大多相信迷信，在皇位繼承、選拔人才、制定決策等方面都離不開相面。如唐太宗不欣賞王顯，是因為他「口即

無貴相」；唐玄宗不賞識王慶，是說他「王慶雖有功，而前定不合富貴」。這些野史不可全信，但面相與政治有著密切的關係卻毋庸置疑。

2.經濟

關於這點，多用於個人。地主生意人如何發財、守財，經常請相師看命。貧窮者，則問相師到何處發展、經營什麼買賣才會比較適合、容易致富。

3.軍事

在古代，相師往往隨軍出征，他們是高級軍師，甚至是組織和策劃戰爭的重要人物。《明史·方技傳》記載，永樂皇帝北征，著名相命大師皇甫仲和、袁忠徹也在軍中出謀劃策。

4.文學藝術

將面相學引進文學作品中，豐富其內容。例如曹雪芹在《紅樓夢》中，借賈雨村之口對命學有一段精辟的闡述。

5.婚姻生活

舊時，結婚前看女子面相，看她是否剋夫，有沒有富貴相，身體健康與否……此風直到今天仍盛行不衰。

云云眾生對自身未來的吉凶禍福產生好奇，通過預測，希望能趨吉避凶。所以，當人們覺得不安時，會去借助神祕力量來使自己充滿安全感（這也是一種心理治療）。這可能就是中國人對算命情有獨鍾的根本原因吧！

中國風水盛行的原因

　　古代中國人認為，風水不是迷信，而是一種嚴肅的自然科學。早期的中國人都信仰風水，有文化的人更會親自投入到風水學的研究中來，把研究風水作為一種興趣，更多的也是為了能在生活中得到更大的便利。在古代，風水學滲透到生活的方方面面。婚喪嫁娶，修房建墓，都需要翻看黃曆看吉凶，聘請風水師勘察風水。上至皇族，下至百姓，都遵守著自然法則對生活的影響。然而，風水並不全然意味著對自然的屈服，也有改變的意圖：如果那天做某事不吉利，或者房屋的選址不吉利，風水師還會給出專業的趨吉避凶的方式方法。

　　現代研究表明，古代中國風水盛行有一定理論根據。

1.風水學與氣象學的關係

　　風水學中很多內容是調整居所以適應氣候的變化，這說明風水學的理論與古代氣象學有著密不可分的關係。風水學認為，好的風會給建築的氣場帶來好的調節作用，而不好的風會使建築氣場混亂，給居住其中的人帶來壞運氣。風水師會給住戶以建議，調整住房，讓有益的風進入，隔離不好的風。而氣象學認為，不同的季節、不同的地域有不同的風，在建造房子時要充分考慮當地氣候條件，趨利避害，這與風水學的出發點不謀而合。

　　略舉兩例，以說明風水學與氣象學的近似：

風水學上講最好的房屋坐向是坐北朝南，這在氣象學上找到了依據。氣象學認為，房屋向南能夠接受更多的陽光，背靠北方能躲避來自北方的冷空氣。風水學認為南方的房子要多開門窗，能使屋內涼爽、不潮濕。氣象學也贊成這種說法：南方的氣溫高，空氣潮濕，多開門窗通風換氣能改善潮熱狀況，使人感覺更舒適。

2.風水與生態建築學的關係

風水與生態建築學關心的都是人類居所與自然界的關係。生態建築學認為，人類建築是自然生態系統的一部分，自然生態自身亦是一個具體的建築結構，建築環境與自然界生物有著密不可分的關係。生態建築學希望能順應自然，在此前提之下利用、改造自然，使住宅與大自然共生。可以說生態建築學強調的是建築、人與自然的關係。

風水顯然與生態建築學有著一致的追求，風水學的研究方向也是建築、自然與人之間最優的搭配。風水觀點認為，不同的人有著不同的職業、身分、性格、愛好等等生命信息，不同的建築有著不同的形狀、風格、規模、材質，還有著不同的位置。將兩者搭配起來，會生成不同的作用力，造成不同的結果，這結果有可能是好的，也有可能是有危害的。風水學希望能找到克服不好結果的方法，研究如何才能使人與建築與自然產生良好的作用結果。

3.風水與醫學的關係

無論是風水還是醫學，都是在追求一種和諧的狀態。風水是通過調整居住環境使人與自然做到和諧，醫學是通過調節人體信

息使人與自然做到和諧。即是說，風水是從人體外部調整人的生命信息，醫學是從人體內部調整人的生命信息。

醫學調整人體信息是讓人體吸收能量，讓其與自然相平衡。中醫在這方面最具代表性，直接使用植物、礦石、動物等屬於不同五行能量的自然界的能量載體作用於人體，使人體五行平衡，消除疾病。西醫也是通過調整人體信息來治療疾病，不過是間接地採用自然物質治病，不是直接採用自然物質。

4.風水與人體信息學的關係

風水除了研究環境對人的影響，也研究環境與人之間細膩的關係。這方面的研究在風水學中稱為命格。

風水把人的出生時間、地點、親戚關係、生活環境等稱為命格。每個人擁有不同的命格，命格中是不同因素共同作用，就會影響到人的命運。風水學命格的內容，在現代人體信息學能找到近似內容。人體信息學認為每個人都具有各自不同的生命信息、能量，與不同的自然能量信息進行對接、交換就會產生不同的正負效應，因而不同的人會有不同的人生。

疑寶篇

不畏謎雲遮望眼

民國時期黑竹溝恐怖案之謎

　　1950年，國民黨胡宗南殘部30餘人手握精良的武器穿越黑竹溝一帶，沒想到卻無一人生還。從此，黑竹溝得到了「恐怖死亡谷」「中國百慕達」的稱號。如此神祕的地方，究竟隱藏著什麼樣的驚天祕密呢？

　　黑竹溝位於我國峨眉山西南約100多公里的峨邊彝族自治縣，地跨斯合鎮、勒烏鄉和金岩鄉，面積約180多平方公里。它是四川盆地與川西高原，山地的過渡地帶，境內重巒疊嶂，溪澗幽深，迷霧繚繞，給人一種陰沈沈的感覺。這裡地理位置特殊，自然條件複雜，生態原始，彝族古老的傳說和彝族同胞對這塊神奇土地非常崇拜，並曾出現過數次人、畜神祕失蹤現象。

　　由於黑竹溝的不安全性，至今為止到這裡的旅遊者並不多。人們只是通過媒體的披露才對其有所為耳聞，了解到它以新、奇、險為特點。黑竹溝山勢險要，地質構造複雜，地貌類型多樣，既保留有角峰、冰斗、刃脊、V形谷等第四紀冰川遺跡，又具有復合漏斗、暗河、深谷峭壁等喀斯特地貌特徵。地形之複雜，的確不利於旅遊開發。雖然遊客不多，但黑竹溝卻吸引著為數眾多的攝影家、科學家組成的考察隊深入其中探險揭祕。不過，黑竹溝卻一次又一次為偵察團帶來恐怖的陰雲。

　　據不完全統計，自1951年至今，川南林業局、四川省林業廳勘探隊，部隊測繪隊和彝族同胞曾多次在黑竹溝遇險，其中三死

三傷，二人失蹤。

1997年7月，中國四川省林業廳森林勘探設計一大隊來到黑竹溝勘測，宿營於關門石附近。身強力壯的高個子技術員老陳和助手小李主動承擔了闖關門石的任務。第二天，他倆背起測繪包，每人用紙包上兩個饅頭便朝關門石內走去。可是到了深夜，依然不見他倆回歸的蹤影。從次日開始，尋找失蹤者的隊伍逐漸擴大。川南林業局與鄰近縣組成了百餘人的尋找失蹤者的隊伍也趕來了。他們踏遍青山，找遍幽谷，除兩張包饅頭用過的紙外，再也沒有發現任何蛛絲馬跡。

9年後，川南林業局和鄰近縣再次組成二類森林資源調查隊進入黑竹溝。因有前車之鑒，調查隊作了充分的物資和精神準備，除必需品之外還裝備了武器和通信聯絡設備。由於森林面積大，調查隊入溝後仍然只能分組定點作業。副隊長任懷帶領的小組一行人，一直推進到關門石前約2000米處。這次，他們請來了兩名彝族獵手做嚮導。當關門石出現在眼前時，兩位獵手不願再往前走。大家好說歹說，隊員郭盛富自告奮勇打頭陣，他倆才勉強繼續前行。

及至峽口，兩名彝族獵手便死活不肯再跨前一步。副隊長任懷不忍心再勉強他們。經過耐心細緻的說服，副隊長好容易才與他們達成一個折中的協議：將他倆帶來的兩隻獵犬放進溝去試探試探。第一隻獵犬靈活得像猴一樣，一縱身就消失在峽谷深處。可半個小時過去了，獵犬杳如黃鶴。第二隻黑毛犬前往尋找夥伴，結果也神祕地消失在茫茫峽谷中。兩位彝族同胞急了，不得不違背溝中不能高聲吆喝的祖訓，大聲呼喚他們的愛犬。頓時，遮天蓋地的茫茫大霧不知從何處神話般地湧出，幾個人儘管近在咫尺，彼此卻無法看見。驚慌和恐懼使他們冷汗淋灕，大氣不敢

出。副隊長任懷只好一再傳話：「切勿亂走！」五、六分鐘過後，濃霧又奇蹟般消退了。頓時玉宇澄清，眼前依然古木參天，箭竹婆娑。隊員們如同做了一場噩夢。面對可怕的險象，為確保安全，隊員們只好返回。

　　不管探險隊如何深入，險象環生的境遇都將他們一次次擊退，究竟黑竹溝隱藏著什麼呢？據當地的彝民說，走入黑竹溝就不能高聲喧嘩，否則將驚動山神，山神發怒會吐出青霧，將人畜捲走。面對探險難題，無奈的探險者們只好編出這樣一段順口溜形容這裡：「石門關，石門關，迷霧暗溝伴保潭；猿猴至此愁攀援，英雄難過這一關。」從順口溜中，就能看出黑竹溝難以攻克的事實。

　　考察者在勘探了黑竹溝的地形之後，認為人畜入溝死亡失蹤原因很可能是迷霧造成的，由於進入者對此地的地形不熟悉，所以裡面一旦有地坑或生物陷阱，就難以逃脫，結果便是葬身在這幽谷之中。然而，黑竹溝迷霧究竟隱藏了什麼，恐怕只有消失在其中的人才知道。

內蒙古恐怖小湖為何能吞噬人畜

在我國內蒙古自治區渾善達克沙地的北部邊緣，有這樣一個令人恐懼的湖泊，它名叫「扎漢宮」，在蒙古語裡「扎漢宮」就是邊緣直上直下的深湖。這個湖泊曾多次發生人畜神祕失蹤和死亡事件，成了當地人口中的「恐怖湖」。20世紀70年代，有一個女孩掉進扎漢宮淹死了，但是她的屍體一直沒有浮出水面。當時的軍管組織七、八個解放軍坐船來到湖面上，用長竹竿打撈了整整三天，都沒有找到女孩的屍體。

三天之後的下午，一件奇異的事情發生了。當地的一個老農看到一望無際的查干諾爾湖上空突然烏雲滾滾，電閃雷鳴，一團團像梨子一樣的雲朵吊在雲底，緊接著一個雲團旋轉著垂向湖面，嘩嘩地從湖裡吸走了水，形成一個水龍捲向查干諾爾湖南方移動。第二天，女孩子的屍體從被攪和混了的扎漢宮裡浮了上來。

發生在扎漢宮的神祕事件越來越多，一些牲畜過於靠近湖水，萬一不小心踩進去一步，就再也出不來了。人們不明白其中的道理，又不敢接近扎漢宮，於是就用圍欄將湖圈起來，禁止人畜接近。

扎漢宮形成的原因是什麼呢？為什麼它會產生各種各樣奇怪的現象呢？據科學家推測，很可能與周圍的特殊地質環境有關。扎漢宮所在的渾善達克沙地生長著茂密的沙地植被，植被的營養

來自於豐富的地下水。地下水的形成原因是降雨迅速滲入地下，而粗沙割斷了毛細現象，令水分無法蒸發，於是水就儲存在沙地下部的隔水層上。地下水在地勢較低的地方冒出沙層，就會形成河流和內陸湖。查干諾爾湖和附近的高格斯太河形成原因都在於此，而扎漢宮的形成原因也很可能是如此。

但扎漢宮為什麼會有吞噬活物的現象呢？研究人員認為，通常人畜失去蹤影，一般都是遇到泥潭或沼澤，但扎漢宮顯然不是；還有可能是湖底有旋渦，將生物吸附進湖底，無法翻上來；此外，湖底有地下暗河，生物掉下去之後隨著暗河水流飄走，在其他的地方浮出水面，又或者腐爛在地下河道當中。

無論是哪種原因，扎漢宮製造的事件都足以聳人聽聞，它能夠吞噬人畜的能力一直都未有確切的科學解釋。

宗教聖地峨眉山三霄洞為何被遺棄

峨眉山位於我國四川省峨眉市的西南，因山峰相對如峨眉而得名。它是我國的宗教聖地，佛教稱之為光明山，道教稱之為「虛靈洞天」「靈陵太妙天」。秦漢時期，峨眉山就有方士隱居，東漢末年，道教就立足於山上進行宗教活動。南北朝時期，這裡成了佛教的聚居地。

千年來，峨眉山香火鼎盛，往來之人數以百萬計，但是到了當代，遊客們卻從來不到捨身崖的三霄洞，因為這裡已經被稱之為「死亡之洞」。

三霄洞相傳是《封神榜》中三位女仙——雲霄、瓊霄、碧霄的修煉之地，因而被稱為「三霄」。洞口高5米，寬6米，有岔洞，洞道總長為214米。就是這樣一個奇洞，卻在20世紀20年代發生了一起慘案，至此三霄洞無人敢問津。

1929年農曆五月上旬（另有說法是1927年秋季），富順縣自流井（當時自流井屬富順縣管轄）朝山會一行70多個香客，在領隊劉安邦的帶領下赴峨眉山三霄洞上香，並捐贈一座大銅鐘。

此時三霄洞由富順籍的演空和尚擔任住持。眾人來到洞內，酒醋飯飽之後，於下午3點為朝賀三霄娘娘，唱起了《三霄計擺黃河陣》。演空和尚曾制止眾人不要發出太大的聲音，但香客不以為然，還在洞中點燃蠟燭又唱又跳，不斷鳴鐘。

就在這時，突然洞內一聲巨響，霎時間漆黑一片，一股巨龍

般的黃色火焰從洞底噴出，登時煙硝四處，令洞內70餘人窒息而亡，有幾人由於出外上廁所而幸免於難。

　　此事已經發生，震動了峨眉、富順兩縣。縣長派人到三霄洞調查，一無所獲，只得下令封閉洞穴，拆毀洞外的三霄娘娘廟，並禁止遊客進入。新聞界也報導了此樁奇案，從此三霄洞鮮有人問津。

　　幾十年過去了，三霄洞成了雜草重生的荒洞，「三霄洞」字跡依稀可辨，洞口兩尊菩薩面目全非，旁邊崖下則是一口廢棄的大銅鐘。據說洞內約300米深處還有兩具屍骨，只是再也沒有人敢輕易踏足。

　　當地人迷信的說法認為，是香客的喧鬧驚擾了神明，因此受到了懲罰。而地質學家來到三霄洞勘察，也並未得出確切結論。有人認為，是鐘鼓、喧鬧聲引發了瘴氣擴散彌漫，導致瘴氣爆炸，這種觀點後來被否認，因為瘴氣不會爆炸。還有人認為是瓦斯爆炸，是由洞底的澤水所釋放的沼氣和香燭發生反應。但是真相到底是什麼，依舊是眾說紛紜……

長存1600年的羅布泊為何數年間消失

1980年6月17日，著名科學家彭加木率考察隊在羅布泊地區考察時，不幸遇難失蹤。國家出動了飛機、軍隊、警犬，花費了大量人力和財力大規模尋找，仍沒有結果。

1990年，哈密有7人乘一輛客貨小汽車去羅布泊找水晶礦，一去不返。兩年後，人們在一陡坡下發現3具臥乾屍。汽車距離死者30公里，其他人下落不明。

1996年6月，中國探險家余純順在羅布泊徒步孤身探險中失蹤。當直升機發現他的屍體時，法醫鑒定已死亡五天。既不是自殺，也非他殺，身強力壯的余純順離奇死亡，原因還是個謎。

神祕莫測的戈壁地帶，古樓蘭王國的遺址之一——羅布泊，在不斷吞噬生靈的過程中，留給了世人太多的疑竇。

羅布泊最早並不叫這個名字，不同時代羅布泊的稱謂是不一樣的，《山海經》中將其稱之為「幼澤」，元代以後它被稱為羅布淖爾，現代才稱為羅布泊。

早在漢代的時候，羅布泊不是一塊耳狀乾涸的戈壁沙地，而是「廣袤三百里，其水亭居，冬夏不增減」的福澤水域。有人甚至認為它是黃河的起源。不過公元四世紀時，當地就有法令限制羅布泊用水，可見此時羅布泊的氣候發生了變化。

東晉高僧法顯西行取經路過敦煌時，在《大唐西域記》中曾寫到羅布泊「沙河中多有惡鬼熱風，遇者則死，無一全者……」

從古時起，羅布泊就流傳下了驚人的恐怖事件。不過在清代末年時期，羅布泊突然水漲，雖然形成了一個小湖，但與漢代相比相去甚遠。

　　1921年，塔里木河改道東流，經注羅布泊，在幾十年的滋潤下，羅布泊湖面又達到2000多平方公里。遺憾的是，上世紀60年代因塔里木河下游斷流，羅布泊漸漸乾涸，於12年後徹底成為枯地。這裡曾經是古老的樓蘭古國的聖境，孕育了樓蘭文明，又是絲綢之路的必經之地，所以它讓探險者們不遺餘力地冒險去挖掘和探尋，但是為什麼經歷了1600多年的羅布泊，卻在短短幾年內就徹底乾涸了呢？

羅布泊沙漠

根據地質學家的勘測，羅布泊是位於塔里木盆地東部，曾經是塔里木盆地的積水中心，古代發源於天山、昆侖山和阿爾金山的流域源源不斷地注入羅布窪地形成了湖泊。這些河流包括塔里木河、孔雀河、車爾臣河和米蘭河等，同時也有部分湖水是祁連山冰川融水的疏勒河提供的。

但隨著塔里木河周圍人口的增加和耕地面積的擴大，令周圍的沙漠面積擴大，幾條為羅布泊供水的河流紛紛因為被抽取灌溉田地而乾涸或斷流，使得羅布泊水源斷絕，最終羅布泊一年比一年縮小，在湖水周圍形成了一道道蒸發鹽殼線。這些線狀鹽殼勾勒出耳朵形狀，在衛星上看去就像人的耳朵，而羅布泊也因此完全成為一個死湖。

那麼，為什麼在羅布泊會發生各種各樣的離奇死亡案件呢？

據說因地質關係，羅布泊乾涸面厚厚的沈積物時有斷裂，經常會將人吸進去。還有人說，羅布泊在夏季正午時會升溫至70度左右，足以令人在短短幾小時內死亡。但至今為止，羅布泊仍舊被稱為「死亡禁區」，在它其中發生神祕死亡事件的原因究竟是什麼，科學家也解釋不了。

神農架古代野人真的存在嗎

《山海經・中次九經》中有記載：熊山（即今鄂西北神農架）中有一種身高一丈左右，渾身長毛、長髮、健走、善笑的「贛巨人」或稱為「梟陽」「狒狒」的動物。

西漢時期成書的《爾雅》中記載：「狒狒」人形長丈，面黑色，身有毛，若反踵，見人而笑。這是歷史上關於神農架「野人」的傳說。然而，現實中的神農架真的有野人嗎？

1915年，神農架邊緣地帶的房縣，有個叫王老中的人，他以打獵為生。一天，王老中進山打獵，中午吃過乾糧，抱著獵槍在一棵大樹下休息。不一會兒，他就迷迷糊糊地睡著了。朦朧中，他聽到一聲怪叫，睜眼一看，有一個2米多高、遍身紅毛的怪物已近在咫尺。他的那隻心愛的獵犬早已被撕成了血淋淋的碎片。王老中驚恐地舉起獵槍……

沒想到紅毛怪物的速度更快，瞬間跨前一大步，奪過獵槍，在岩石上摔得粉碎。然後，笑瞇瞇地把嚇得抖成一團的王老中抱進懷中……

王老中迷迷糊糊中，只感到耳邊生風，估計紅毛怪物正抱著自己在飛跑。不知翻過多少座險峰大山，最後他們爬進了一個懸崖峭壁上的深邃山洞。王老中漸漸地清醒過來，這才看清紅毛怪物的胸前有兩個像葫蘆一樣大的乳房。他立刻明白了，這個怪物原來是個女「野人」。

　　白天，女野人外出尋食。臨走的時候，她便搬來一塊巨石堵在洞口。晚上，女野人便抱著王老中睡覺。

　　一年後，女野人生下一個小「野人」。這個小野人與一般小孩相似，只是渾身也長有紅毛。小野人長得很快，身材高大，力大無窮，已能搬得動堵洞口的巨石了。

　　由於王老中思念家鄉的父母和妻兒，總想偷跑回家，無奈巨石堵死了他的出路。因此，當小野人有了力氣後，他就有意識地訓練小野人搬石爬山。一天，女野人又出去尋找食物，王老中便用手勢讓小野人把堵在洞口的巨石搬開，並且試著自己爬下山崖，趟過一條湍急的河流，往家鄉飛跑。就在這時，女野人回洞發現王老中不在洞裡，迅速攀到崖頂嚎叫。小野人聽到叫聲，野性大發，邊嚎邊往回跑。由於小野人不知河水的深淺，一下子被急流捲走。女野人淒慘地大叫一聲，從崖頂一頭栽到水中，也隨急流而去。

　　已不成人形的王老中逃回家中，家人驚恐萬狀，竟不敢相認。原來他已失蹤十幾年了，家人都認為他早已死了。

　　這個離奇的傳說，似乎說明野人真的存在，而且能與人類婚配，二者應該有一定的血緣關係。

　　在湖北省委和中國科學院的領導下，1977年組織了新中國成立以來最大的「野人」考察隊。考察隊員來自北京、上海、陝西、四川、湖北等省市的科研機構、大專院校、博物館、動物園的專業人員，武漢某部隊派出了偵察支隊，房縣和神農架林區派出了熟悉情況的幹部和嚮導。

　　這次考察歷時140天，足跡遍布神農架及其周圍方圓1500多平方公里的深山峽谷，換回了大量的資料。

　　1977年6月19日晚，「野考」一隊李健（原湖北省鄖陽地委

235

宣傳部副部長）接到一個緊急電話，報告了房縣橋上公社群力大隊女社員龔玉蘭和她的4歲的兒子楊明安在水池埡路遇「野人」。在龔玉蘭的帶領下，找到野人蹭癢的那棵大松樹，並在那棵樹上取下幾十根棕褐色的毛。毛是從1.3米到1.8米高處的樹幹上找到的。從形狀、粗細來看，與人的頭髮十分相似。

後經武漢、北京等科研部門用顯微鏡觀察，並與靈長目的動物——獼猴、金絲猴、白眉長臂猿、大猩猩、黑猩猩以及現代人的毛髮作了比較。結果證明：「野人」毛主要形態結構特徵明顯不同於上述靈長目動物。以後又從7個地方找到了7份野人毛髮，均是如此。

作為另一個有力的證據，就是化驗「野人」的糞便。1976年11月間，在靠近神農架的房縣蔡子窪東側，曾有多人多次在這個地方發現過野人。考察隊對這裡進行了現場搜索，在山梁半坡一個陡崖頂部發現了野人的6堆糞便，都已乾燥。經觀察，有較多未消化的果皮，野栗皮等殘渣。在蕭興揚發現野人的地方找到的糞便中，還發現大量昆蟲蛹皮，糞便直徑2.5釐米，這些糞便與熊、猴、猩猩的均不相同，且又與人的糞便有差異。人是不會吃昆蟲與野果皮的。

1980年考察隊又多次找到野人的糞便，經分析糞便內有未消化的竹筍、橡子和小動物的毛骨，糞便呈盤狀，在2個呈八字形的腳印之間，這明顯和其他動物大便方式不同，而與人相似。

大量的證據似乎證明神農架的野人確實存在，但是他們到底藏身何處，又是由什麼動物進化為人類等謎題，仍舊令考察者們感到費解。

236

《山海經》為何稱長白山為「有神之山」

　　綿延上千公里的長白山脈，橫亙於東北三省的東部，與黑龍江水形成「白山」「黑水」掩映之勢。長白山以其雄偉、壯觀、神奇、原始而聞名天下，因其主峰白頭山多白色浮石與積雪而得名，為中國東北最高的山地。山頂有火山口湖——長白山天池，終年青煙繚繞，很少揭開羞澀的面紗，但其風景絕倫，美不勝收，如同仙山瑤池，叫人不敢逼視。

　　在中華民族、特別是北方民族的心目中，長白山不僅是給人們提供衣食之源的自然之山，還是一個神聖之地。中國最古的地理書籍《山海經》中，長白山就以「不咸山」之名而載入史冊，其意思為「有神之山」。

　　據史書記載，2000多年前東北的「勿吉人」把長白山稱為「太皇山」，對它懷有深深的敬畏之心。古代的少數民族肅慎族、女真族到近代的滿族、朝鮮族，一直視長白山為不可侵犯的聖地和宗源龍脈之處。

　　金代視長白山為發祥地。1172年，金朝統治者正式封長白山為「興國靈應王」，後又冊為「開天宏聖帝」。1677年，清王朝康熙皇帝東巡到松花江邊，在此遙拜長白山，並封其為神，規定每年要像祭祀「五嶽」那樣祭祀長白山。雍正時，東遊吉林省吉

林市的小白山，建造祭祀長白山用的「望祭殿」。可見，長白山深受北方少數民族的愛戴。

　　長白山之所以受到愛戴，不僅因為其具有神聖的意義，更因為它的確是一座寶山。它被譽為「天然博物館」與「物種貯存庫」。在綿延的山脈中，生長著上千種植物，其中藥材居多，特別盛產補品中的極品人參。這裡的飛禽走獸，許多都是國家珍稀動物。

　　一位國際著名的生態學家來到長白山後感慨地說：「長白山是世界上原始生態最完整的一個，這樣好的保護區，不僅是中國、也是世界人民的財富。」

　　在長白山茂密的森林植被滋潤下，東北三江平原保存著良好的生產糧食環境，為人類提供了優秀的生存環境。《山海經》中之所以將長白山稱為「有神之山」，大概就是因為它如神明和母親一般，護佑和滋養著生存在東北的生靈。

「香格里拉」究竟在哪裡

　　1933年，英國作家詹姆斯‧希爾頓在自己的紀實小說《消失的地平線》中寫到了這樣一段話：地球上最高最冷清的尚未開發的地方，一條寬闊的河谷被一些圓形的紅山包圍著，這裡有地球上最為壯觀的山峰。在「地平線盡頭」，有一處與世隔絕的冰雪世界，那裡有「白色的金字塔般的雪峰，充滿陽剛之氣」，有「藍色的高原湖泊」、「幽深險峻的大峽谷」、「三條大江奔騰向前」，有令人稱絕的「雄偉壯觀的喇嘛寺群」、「心靈純樸的藏族人民和底蘊深厚的宗教文化」……

　　在希爾頓的筆下，這美麗如斯、彷彿仙境一般的地方，就是「香格里拉」。據說，希爾頓是以西藏古典傳記中的世外桃源「香巴拉」為依據寫成的。該書一經問世，「香格里拉」頓時掀起了人們的討論熱潮。隨著好萊塢將《消失的地平線》拍成電影，「香格里拉」更是聞名全世界，成為人們心目中的聖地。

　　那麼真正的香格里拉在哪裡呢？探險家、民俗家、旅行者沿著喜馬拉雅山脈、喀喇昆侖山脈藏區去尋找書中的「香格里拉」，可是經過了整整半個世紀的探尋，「香格里拉」的確切地點仍是個謎。

　　根據《消失的地平線》描述，在印度、尼泊爾、中國的西藏和雲南境內都有這樣的地方存在，景色皆是迷人不已，但哪一個才是希爾頓所描述的地方呢？1997年9月，雲南省政府鄭重宣佈

「香格里拉」就在中國雲南的德欽藏族自治州境內,位於中甸縣境內的吉迪、郎格拉一帶。中外主流傳媒立刻對這一宣告作出了報導,世人為之震驚。

為什麼說中甸最為符合「香格里拉」的描述呢?首先,德欽藏族自治州是古藏民的聚居地之一。「香格里拉」在中甸的藏語方言中為「香格尼拉」,意為「心中的日月」。由於英文中沒有「ni」之音,所以被譯為「Shangri—la」,標準藏語讀音為(Sem—tsi—ni—da)。發音過於相似的原因,令人們相信「香格里拉」一詞很可能源於這裡。

再者,中甸境內的風景與《消失的地平線》如出一轍,並且書中描述的「紅山」,只有雲南北部的紅土高原才有,其他地方均沒有紅色的山峰。金沙江和瀾滄江、怒江三江並流的世界奇景,更是中甸獨有的景色。基於以上幾點,雲南省政府更加肯定書籍裡的「香格里拉」就是雲南的中甸。

經過了多番的考察,儘管中甸的香格里拉最貼近書中描述的「香格里拉」,可是關於「香格里拉」位置的爭論一直都沒有休止。不過,不管香格里拉花落誰家,它的聖潔與美麗,都會永遠留在人們的心中。

「桃花源」身在何處

　　「桃花源」一詞，成了詩人們理想的世界，如同世外仙境，不可企及。而給了天下人「桃源」夢想的，正是東晉大詩人陶淵明，他的一篇千古名文《桃花源記》（為其詩《桃花源》之序），叫世人對「桃花源」念念不忘。

　　陶淵明的筆下，桃花源在武陵（今湖南常德）溪水盡頭的一處山石另一邊，穿過石縫，世外桃源映入眼簾。這裡土地平曠，房屋整齊，黃髮垂髫，怡然自樂，好不快活。居住在此處的人不知道秦以後有過漢朝，漢朝以後又有晉朝，誤闖入的漁人在這裡住了幾天，不得不回家。等到再找桃花源時，就再也找不到了。

　　根據陶淵明所說，桃花源應是在武陵的某處，並且不止他一人這樣說。南朝蕭齊武陵人黃閔、蕭梁時的武陵人伍安貧都曾寫過文章講述武陵的確曾出現過一個漁人，發現了一處桃花源。

　　那麼，依照以上說法，桃花源就坐落在武陵，並且晉代就有。可是，根據北朝地理學家酈道元的《水經注》記載，沅水流經沅南縣沒有桃花源這樣的流經地，所以桃花源在晉代並不存在，因而黃閔和伍安貧講述的武陵桃花源，並非陶淵明口中的桃花源。

　　那麼，陶淵明的「桃花源」究竟在哪裡呢？有人認為，陶淵明家鄉廬山有一處山谷，地勢平坦，風景宜人，頗像《桃花源記》裡的桃花源。此處還有姓陶的人家，其祖先確實是陶淵明。

或許是陶淵明借此處的風光杜撰了武陵的桃源仙境。該說法雖然有實據，卻沒有史料能確認，所以只能作為一種推測。

桃花源是否真的就在武陵呢？以前從未有人懷疑，歷朝的著名文人都曾慕名到武陵遊訪，留下很多著名詩篇。

可是，近代學者陳寅恪先生卻提出了質疑。他說，較早記載入史冊的「桃花源」是古桃林，在古代北方的弘農或洛水上游一帶，《山海經·中山經》也有類似記載，相傳此處是周武王攻打殷商養牛的地方。

西晉末年，「戎狄」「盜賊」等「恐怖組織」到處流竄，燒殺搶掠，為躲避前秦苻堅戎狄之患，人們不是依靠各路軍閥，就是躲避到山林之間，建造塢堡來據險自守。

據典籍上所記載，當時的塢堡多由「堆石布土」依險而築，古已有之。建立塢堡的條件必須是有山頂平原和溪谷水源。

陳寅恪認為，陶淵明描述的世外桃源，生活環境與塢堡建築環境非常相似，其描述內容很像「檀山塢」。檀山塢為宋武帝劉裕的大將戴延之佔據之地，位於洛水附近的檀山，此處有一個地方叫「皇天原」，皇天原附近有「桃林」，此處就是桃花源的原型。

陳先生說，東晉的陶淵明《桃花源記》是虛構而來，其描述內容的原型應當是指洛水桃花塢，而桃園裡生存的人躲避的該是前秦之患，而非秦朝暴政。

蘇東坡也對桃花源在武陵一事表示質疑。他認為，如果桃花源真在武陵，早成了人們生死爭奪的場地，也便不會這麼多年來都一直有人探尋而不得結果。

另有人認為，陶淵明筆下的「桃花源」在湖北十堰市竹山縣。竹山縣地處鄂西北山區，境內森林茂盛，地勢險峻。

　　根據古書記載，只有竹山縣在千年以前名為武陵，在晉代時有過桃源村。從官渡鎮桃園村波漁溝乘小木船沿堵河（古稱武陵河）逆流而上，可見一座孤山，山背就是不足兩米寬的武陵峽口，兩邊是數百米高的絕壁，有一線之天。如同陶淵明所描寫的「山有小口，彷彿若有光」。順水而行，可到小武陵峽，這裡風景奇幽，有一個自然村落，即為桃源村。若按照景色的相似性，竹山縣的確像「桃花源」。那麼，竹山縣就是桃源的正確地址了嗎？也不盡然。

　　如今在全國各地，有三十多處景點都自詡為桃源，各有各的說法，但沒有一處能拿出真憑實據來證明自身就是陶淵明筆下的「桃花源」。

　　事實上，無論桃源身在何處，又或者根本不存在，它的意義已經不只停留在物質層面上，而是進入到人們的內心。陶淵明真正塑造的，是人們心中的一塊清淨之地。

杭州西湖是怎樣形成的

「山外青山樓外樓，西湖歌舞幾時休？暖風熏得遊人醉，直把杭州作汴州。」

宋代的杭州西湖，在世人心中就是盛世繁華的代表。有人說，西湖是一首詩，一幅天然圖畫，一個美麗動人的故事。陽春三月，鶯飛草長，蘇白兩堤，桃柳夾岸；秋霜月下，掩映三潭；冬雨浩渺，細水樓台。水波瀲灩，遊船點點，遠處山色空蒙，青黛含翠，偶見高塔，如臨仙境。西湖十景，包括蘇堤春曉、曲苑風荷、平湖秋月、斷橋殘雪、柳浪聞鶯、花港觀魚、雷峰夕照、雙峰插雲、南屏晚鐘、三潭印月。十景各擅其勝，組合在一起如詩如畫，美不勝收。

這就是杭州的西湖，位於杭州城西側，又叫「錢塘湖」。西湖的水面面積約4.37平方公里（包括湖中島嶼為6.3平方公里），湖岸周長15公里。蘇堤和白堤將湖面分成裡湖、外湖、岳湖、西裡湖和小南湖五個部分。

千年以來，西湖一直被譽為「人間天堂」，在古人的心中相當迷人，在今人的眼中一樣目眩。如此美麗的西湖，究竟是大自然塑造的，還是人工合成的呢？學術界聚訟紛紜。

關於西湖的成因，築塘成湖是最早、也是根據最多的說法。根據《史記·秦始皇本紀》載，公元前210年秦始皇東巡會稽，「至錢唐，臨浙江，水波惡，西百二十里從狹中渡。」可見，當

時錢塘江水一望無際，水波泛濫，杭州城根本不存在。而《漢書·地理志》中記載，錢塘海灣多，沒有西湖一說，更妄論杭州。

南朝宋文帝時錢塘縣令劉道真在《錢塘記》中寫道，東漢時期錢塘江泛濫，錢唐郡議曹華信為了防止海水侵入內陸，就招

西湖雪景

募城裡的百姓和民兵，修築了一個大塘，一旦潮水上漲，就將海水掩入塘中，這個塘就是西湖的前身。為了治理錢塘湖水，錢唐縣也遷往塘邊，這就是杭州城的前身。

當代大多數學者經過考證，都認為劉道真所說的「築塘成湖」是符合史實的，西湖和杭州確實出自東漢。

另有一些人通過對西湖湖底沈積層的考證，認為西湖早在春秋時代就已經成型，本為一處大的海灣，但已經沼澤化，盡是淤泥，後來經過千年石泥的堆積，逐漸與大海隔絕，後來經過人工修茸，才形成湖泊。更有人認為，西湖為火山爆發的岩漿阻塞海灣而成，這種說法頗有些玄奧。

因此，關於西湖究竟是如何形成的，說法雖多，仍值得探討，但這些並不阻礙今人欣賞西湖的美景。

石鐘山是否因「鐘」得名

　　江西湖口縣的石鐘山自古至今皆是享譽天下的風景名勝，蘇軾所寫《石鐘山記》裡的「石鐘山」就是指湖口的石鐘山。在石鐘山的各處，都留有古人的足跡和手跡，有陶淵明、酈道元、李白、顏真卿、李渤、蘇軾、黃庭堅、陸游等等。文人們在石鐘山大量題詞或做文章，有的是考證石鐘山的得名，有的是讚美石鐘山特性。不過，石鐘山因何而得名，到現在還沒有定論，有人說是因為其形狀像石鐘，有的說石鐘山會發出鐘鳴而得名。

　　蘇軾就是依照《水經注》中「彭蠡之口，有石鐘山焉」的線索，又聽聞唐代江州刺史李渤的描述，遂到石鐘山一探究竟，於是寫下了《石鐘山記》。

　　那麼，我們不妨跟隨蘇軾的腳步，尋找石鐘山得名的原因。根據蘇軾所寫，李渤來到石鐘山曾找過山體發聲原理，在山下深潭附近找到兩塊山石，敲打它們，聽它們的聲音。南邊石頭聲音重濁模糊，北邊石頭清脆響亮，餘音不絕。李渤認為自己找到了石鐘山命名的原因。但蘇軾卻表示質疑，於是自己親自走了一趟石鐘山，看到小孩子敲打石頭，深感可笑。當天晚上，蘇軾乘舟來到深潭邊、絕壁下。看著兩側怪石林立，耳邊聽到的是鸛鶴詭異的叫聲。蘇軾本想回去，就在這時，巨大的聲音從水上發出，噌地響著像鐘鼓的聲音連續不斷。船夫深感害怕，但蘇軾卻叫船夫靠近山腳，發現山腳下到處都是石頭的洞穴和裂縫，水波湧進

洞穴和裂縫，激蕩撞擊便產生巨大的聲洞。

蘇軾頓感好奇，令船夫將船繞到兩山之間，在進入港口時發現一塊大石攔在水中，上面可坐百來個人，中間是空的，有許多窟窿，把風浪吞進去又吐出來，發出鏗鏗鏘鏘的聲音，如同鐘鼓之樂，蘇軾大樂，原來鐘鼓聲就是從這裡傳出來。

在蘇軾看來，石鐘山就是因這石頭的鐘鼓聲而得名。這種說法到底是正確還是錯誤的呢？蘇軾的考證得到了後世大部分人的肯定。

不過，清代的官員彭雪琴提出了不同的看法。彭雪琴在江西為官多年，曾多次去石鐘山考察，認為湖口鐘山有二，一在城西，瀕臨鄱陽湖，稱上鐘山；一在城東，面臨長江，稱下鐘山。下鐘山是蘇東坡作《石鐘山記》處，而上鐘山非也。

彭雪琴說，天下水中之山有很多，都能發出鏗鏘聲，但是石鐘山偏偏以「鐘」聞名，一定有一番道理。彭雪琴認為，每逢冬天水位下降，隱藏在水中的石鐘山山腳會露出一個洞府，這洞府應是鐘乳石溶洞，裡面可容納千人，如同鐘的內堂一般。根據彭雪琴的描述，石鐘山是中空的山體，因而得「鐘」之名。

彭雪琴的說法頗有些玄妙，但也不一定是假的，只不過未有人進入過洞府，也不敢確信山體是否為中空。而石鐘山為何有「鐘」名在外，仍無定論。

泰山「無字碑」是誰而立

　　在霧海彌漫的泰山玉皇頂，於玉皇廟門外聳立著一塊無字石碑，碑式樣獨特，由石柱、頂蓋石和頂柱石三部分組成，高約6米，如同一根擎天石柱聳入雲端，亭亭巍峨。這塊石碑，就是泰山的風景線之一「泰山無字碑」。

　　自古天下處處皆有無字碑，武則天墓無字碑、謝安墓無字碑、秦檜墓無字碑等等，立碑的目的是表示「任後人評說」之意。但若論碑齡大小，以泰山無字碑最為久遠。此碑看似質樸，實則大有來頭，只是碑上無一字跡，叫人不禁心生疑竇。究竟無字碑是誰人所立呢？

　　一些人認為，該石碑是秦皇始祭祀時所立。泰山被視為古代代表天子的神山，為中華萬山之首，諸多帝王都曾登臨泰山舉行祭祀大典。

　　根據《史記‧秦始皇本紀》記載，始皇二十八年（公元前219），秦始皇第二次出巡，曾與原魯國的儒生討論過泰山封禪祭祀，於是「上泰山，立石，封，祠祀。……刻所立石，其辭曰：皇帝臨位，作制明法，臣下修飭。二十有六年，初並天下，同不賓服。親巡遠方黎民，登茲泰山，周覽東極。」

　　根據上述說法，秦始皇所立石碑顯然是應該有頌德的文字，而無字碑上並沒有文字，應該不是始皇帝立的碑文。不過，在秦始皇之後，我國古代曾有十二位帝王前來泰山封禪和祭祀，究竟

是哪一位皇帝立的碑文呢？

明清兩代，有人考證說泰山無字碑是秦始皇焚書坑儒時所立。例如明代王在晉有詩曰：「東海長流石未枯，山靈愛寶隱元符。縱教烈焰焚經史，致使秦碑字也無。」

不過，根據歷史記載，焚書坑儒早於秦始皇第一次到泰山封禪整整六年，也就是說，焚書坑儒時，秦始皇根本就沒到過泰山，如何在上面立碑文呢？

第二種說法認為，泰山無字碑是漢武帝所立。

據《史記·封禪書》記載，元封元年（公元前110年），漢武帝前往泰山封禪，「東上泰山，泰山之草木葉未生，乃令人上石立之泰山巔，上遂東巡海上，四月還至奉高，上泰山封。」

史料證明武帝的確在泰山頂上立過石碑，並且史書沒有著明武帝是否命人在碑上刻文字。清代顧炎武和現代學者郭沫若都曾考證過，認為此碑確實是漢武帝所立，而非秦始皇。因為秦始皇的碑石沒有如此之大。

可是，人們熟知漢武帝天性疏狂、好大喜功，為何竟甘願立個巨大的無字碑，卻不在上面刻任何歌頌自己的文字呢？後人推測，想必是當年漢武帝聽聞秦始皇泰山封禪，對山神傲慢無禮，結果山神一怒之下驟降暴雨，阻礙封禪。

幾年之後，秦始皇身染重病，正逢天外飛石落於泰山之前，石頭上寫著「始皇帝死而地分」幾個字。其實這句話人為的成分居多，但始皇帝卻不知，膽顫心驚而死。始皇帝一死，秦二世胡亥遂將天下葬送了。

漢武帝怕重蹈秦始皇的覆轍，不敢過於狂妄地在石碑上大談特談自己的功勳，因而索性什麼都不寫，叫後人自己去揣摩，豈不是更有味道？

武帝的用心果然巧妙，難怪明代學人鄒德溥在《無字碑》詩裡這樣寫道：「不著一字，盡得風流。」當真是不置一語，道盡千萬。

然而，人們仍是不能完全肯定無字碑為漢武帝所立。畢竟一切都是根據史書所言進行推測，關於無字碑的身世仍舊是千古謎題，有待進一步考證。

響沙山的沙子因何會鳴叫

在甘肅省敦煌縣城南6公里的地方有一座鳴沙山，在北宋時期它被稱作「神沙山」或「沙角山」。

宋代百科全書《太平御覽》和《大正藏》中均記載過這座山丘。根據史書的記載，鳴沙山在天朗氣清、惠風習習中，會發出絲竹弦樂的聲音，因而得名「沙嶺晴鳴」。

鳴沙山東西大約有40公里長，南北大約有20公里寬，高有數十米，山峰陡峭。站在鳴沙山頂俯望，只見沙丘如林，一片無垠蔚為壯觀。

相傳鳴沙山是古老的戰場。古時有一個大將軍及其軍隊在這裡駐紮，沒想到遇上沙塵來襲，黃沙鬼哭神嚎，鋪天蓋地，一夜之間將整個軍隊完全吞噬。從此以後，人們每每經過鳴沙山，都好像聽到了號角、鼓樂聲，如同軍隊正在作戰。

傳說畢竟是傳說，並沒有確切歷史根據。那麼為什麼鳴沙山會發出各種各樣的聲音呢？這其實是一種沙漠裡獨有的一種自然現象──鳴沙，又叫做響沙。

關於響沙的記載，最初出現於中國八世紀的古書中。此後，馬可‧波羅、達爾文和許多探險家對此也多有描述。

目前，全世界範圍內的大漠中，已發現有31處可聽到「鳴沙」的景點，其中尤以美國加利福尼亞莫哈韋沙漠中死亡之谷的幾處景點最為著名。

中國除了甘肅敦煌市南郊的鳴沙山，還有內蒙古鄂爾多斯市庫布其沙漠的響沙灣比較有名。人們發現，鳴沙一般都在海灘或者沙漠裡邊。鳴沙發出來的聲響，一般都是在風和日麗或者颳大風的時候，要不就得有人在沙子上邊滑動。

　　關於響沙的成因，至今仍是個謎團。響沙產生的原因不是風，也不是與沙丘本身有關的一種回聲現象。有研究者認為，沙子之所以會響，是因為乾燥性氣候導致沙丘側面崩塌產生的沙礫共振，發響條件是所有的發聲沙礫必須體積一樣或接近，其頻率為100赫茲，聲音強度為100分貝。

　　還有人認為，由於風蝕作用，使沙粒變得大小均勻，非常潔淨，具備了蜂窩一樣的孔洞。這樣的沙粒結構使得沙子在摩擦中發生共振效應。因此當有人滑動沙子時，「響沙」現象便會出現。以上的說法都具有科學性。

　　由於響沙的成因複雜，一旦響沙區的氣候環境發生改變，沙子就失去發聲的功能，所以響沙的成因和必須條件究竟是什麼，科學家們還沒有系統地研究出來。

明朝風動石為何懸立千年

　　在福建省東山島舊城銅陵鎮東門海濱石崖上，有一塊著名的風動石，又名兔石，在明朝時期就已經名動天下，東山風動石以奇、險、懸而居全國60多塊風動石之最，被譽為「天下第一奇石」。在明朝時期，這塊風動石有一個雅號為「東壁文星」。

　　1918年2月13日，東山島發生7.5級地震，山石滾落，屋倒人亡，風動石卻安然無恙。日本侵略軍曾打算將風動石用鋼索拖拉，風動石卻只晃動，卻並不移位，如同長在了磐石之上。古今中外，不知道有多少人企圖動搖這塊風動石，皆敗興而歸。

　　這塊風動石高4.73米，寬4.57米，長4.69米。上小下大，形如桃子，斜立在盤形巨石的邊緣，銜接處僅幾寸。每逢海風吹過，奇石左右微微晃動，卻到了一定的傾斜程度時不再搖擺。就算有人登上石頭趴於上面，用腳踩踏，巨石也只是搖晃，絕不會滾落，玄之又玄。風動石何以竟能保持千年不墜呢？究竟是誰將這塊石頭放在磐石上面而讓它不墜呢？

　　有人猜測風動石是隕石墜落到地上的殘骸，滾落磐石邊緣。可能由於風動石的內質結構受到地心的吸引，恰恰可以在磐石邊緣保持平衡，不管人們如何搖動，它都不會掉下去。不過，若是風動石為隕石墜落，附近應有隕石坑洞。於是，關於隕石墜落的猜測被推翻了。還有人認為，風動石的原理是不倒翁原理。巨石上小下大，內部質量重心非常低，所以無論怎麼搖晃，風動石都

會恢復原狀，這種說法頗為可信。

　　風動石歷經滄桑依然屹立，吸引了大量中外遊客前來觀賞，於是有人留下了「不觀風動石，枉到東山島」的讚語，而風動石也作為一個謎樣的存在，受到世人的稱讚。

〈本卷 終〉

國家圖書館出版品預行編目資料

歷史往往迷霧重重，趙逸君主編，
　初版，新北市，新視野 New Vision，2020.05
　　面；　公分 --
　　ISBN 978-986-98808-5-5（平裝）
1.中國史　2.通俗史話

610.9　　　　　　　　　　　　　　　　109002794

歷史往往迷霧重重

趙逸君　主編

出　　版　新視野 New Vision
製　　作　新潮社文化事業有限公司
　　　　　電話 02-8666-5711
　　　　　傳真 02-8666-5833
　　　　　E-mail：service@xcsbook.com.tw

印前作業　東豪印刷事業有限公司
印刷作業　福霖印刷有限公司

總 經 銷　聯合發行股份有限公司
　　　　　新北市新店區寶橋路 235 巷 6 弄 6 號 2F
　　　　　電話 02-2917-8022
　　　　　傳真 02-2915-6275

初版一刷　2020 年 10 月